ESSAI
SUR
LA GÉOGRAPHIE MINÉRALOGIQUE
DES ENVIRONS DE PARIS.

ESSAI

SUR

LA GÉOGRAPHIE MINÉRALOGIQUE

DES ENVIRONS DE PARIS,

AVEC UNE CARTE GÉOGNOSTIQUE, ET DES COUPES DE TERRAIN;

PAR G. CUVIER,

Chevalier de la Légion d'Honneur, Secrétaire perpétuel de l'Institut de France, Conseiller titulaire de l'Université Impériale, Lecteur et Professeur Impérial au Collège de France, Professeur-Administrateur au Muséum d'Histoire naturelle;

Et Alexandre BRONGNIART,

Correspondant de l'Institut, Ingénieur au Corps Impérial des Mines, Administrateur de la Manufacture Impériale de Porcelaine de Sèvres, Professeur adjoint de Minéralogie à la Faculté des Sciences de Paris.

PARIS.
BAUDOUIN, Imprimeur de l'Institut Impérial de France.

1811.

AVERTISSEMENT.

Depuis la publication de notre premier Essai sur la géographie minéralogique des environs de Paris, lu a l'Institut en avril 1810, nous avons continué et multiplié nos observations, nous avons visité un plus grand nombre de lieux, nous sommes retournés plusieurs fois sur les mêmes lieux pour vérifier des observations qui ne nous paroissoient pas suffisamment constatées ; enfin nous avons plus que doublé notre travail, et nous y avons ajouté des observations de nivellement qui nous ont donné les moyens de publier les coupes qui forment l'objet de notre troisième chapitre.

Ces nouveaux travaux nous ont mis dans le cas de faire de nouvelles divisions et quelques changemens à notre premier essai, enfin de mettre dans les généralités plus de précision et plus de clarté.

Malgré ces nombreuses et scrupuleuses observations, nous avouons qu'il reste encore beaucoup à faire pour

AVERTISSEMENT.

completter un travail tel que celui que nous avons entrepris. Il faudra encore beaucoup de temps, beaucoup de recherches et le concours de circonstances favorables qu'il n'est pas en notre pouvoir de faire naître, pour donner aux détails de ce travail toute l'étendue et l'exactitude qu'on doit y désirer.

Les noms que nous avons donnés aux coquilles sont ceux que M. De Lamarck leur a imposés en les décrivant dans les annales du Muséum d'histoire naturelle.

Nous pouvons nous être assez souvent trompés dans la détermination des espèces renfermées dans ces couches, surtout lorsque nous n'avons pu les voir isolées et complettes. Ces erreurs sont encore peu importantes dans l'état actuel de la géognosie ; mais, lorsque cette science sera plus avancée, il sera essentiel de déterminer, aussi exactement qu'on le pourra, les espèces de fossiles renfermées dans les couches.

Au reste, il seroit assez difficile, et souvent même impossible, de déterminer complettement à présent toutes les espèces de corps organisés fossiles. Il n'y a peut-être

AVERTISSEMENT.

pas la vingtième partie des coquilles fossiles qui aient été exactement décrites ; nous avons été réduits dans plusieurs cas ou à les décrire nous-même, ou à ne nommer que les genres auxquels elles appartiennent. Si nous nous sommes trouvés dans cet embarras aux environs de Paris, dont la plus grande partie des coquilles fossiles a été très-bien déterminée par M. De Lamarck, que seroit-ce donc, si nous eussions entrepris de décrire avec le même soin un autre pays secondaire ?

Il nous reste à témoigner ici notre reconnoissance à toutes les personnes qui ont bien voulu contribuer par leur zèle et leurs lumières à la perfection de notre travail, en nous donnant des secours et des renseignemens. Nous avons été puissamment aidés dans nos recherches par MM. Defrance, Girard ingénieur en chef des ponts et chaussées, Leman, Desmarest, Prévost, De Roissy, De Montlosier, Belanger architecte, Bralle ingénieur en chef des ponts et chaussées, Rondelet architecte, Héricard de Thury ingénieur en chef des mines et inspecteur-général des carrières, Mathieu secrétaire du bureau des longitudes, qui a bien voulu faire à l'Observatoire impérial les observations correspondantes nécessaires à nos nivellemens barométriques, etc.

AVERTISSEMENT.

M. De Lamétherie, qui a travaillé sur le même sujet que nous, a bien voulu aussi nous donner plusieurs avis dans son Journal de physique, et nous avons cherché à profiter de ceux qui nous ont paru bons.

TABLE DES ARTICLES.

CHAP. I. *INTRODUCTION*, *énumération et caractères des diverses sortes de terrains qui constituent le sol des environs de Paris*, page 1

ART. I. *De la craie.* 9

II. *De l'argile plastique.* 14

III. *Du calcaire grossier et de son grès coquillier marin.* 18

IV. *Du calcaire siliceux.* 29

V et VI. *Du gypse, de la première formation d'eau douce et des marnes marines.* 31

VII. *Du sable et des grès sans coquilles.* 43

VIII. *Des sables et des grès marins supérieurs.* 44

IX. *Formation des meulières sans coquilles.* 47

X. *De la seconde formation des terrains d'eau douce.* 50

TABLE DES ARTICLES.

XI. *Du limon d'atterrissement.* 57

CHAP. II. *Preuves et développemens.* — *Description des diverses sortes de terrains qui constituent le sol des environs de Paris.* 59

1ere et 2e Formations. *Craie et argile plastique.* 60

3e Formations. *Calcaire marin.* 73

§. I. *Plateau de la Ferté-sous-Jouarre.* 75

§. II. *Plateau de Meaux.* 77

§. III. *Plateau de Crepy.* Ibid.

§. IV. *Plateau de Senlis.* 81

§. V. *Plateau d'entre Seine et Oise.* 83

§. VI. *Plateau de marine.* 91

§. VII. *Plateau d'est et d'ouest de Paris.* 101

§. VIII. *Plateau de Maisons.* 104

§. IX. *Plateau du sud de Paris.* 105

TABLE DES ARTICLES.

§. X. *Plateau du Mont-Valérien.* 116

§. XI. *Plateau de Saint-Germain.* 123

§. XII. *Plateau de Villepreux.* 125

4e Formation. *Calcaire siliceux.* 137

5e et 6e Formations. — *Gypse, première formation d'eau douce et marnes marines.* 142

§. I. *Rive droite de la Marne et de la Seine.* 143

Montmartre. 150

Art. II. *Terrain entre Seine et Marne.* 179

Art. III. *Rive gauche de la Seine.* 180

7e Formation. *Grès et sable sans coquilles.* 196

8e Formation. *Sable, grès et calcaire marins supérieurs.* 204

9e Formation. *Les meulières sans coquilles.* 208

10e Formation. *Terrain d'eau douce supérieur.* 213

11e Formation. *Le limon d'atterrissement.* 233

TABLE DES ARTICLES.

CHAP. III. *Nivellement et coupes.* — *Rapports des divers terrains entre eux, et considérations générales.* 239

Tableau des hauteurs mesurées aux environs de Paris, et qui ont servi à dresser les diverses coupes et profils de ce canton. 257

Explication des coupes et des figures. 270

Carte géognostique. 277

ESSAI

ESSAI

SUR

LA GÉOGRAPHIE MINÉRALOGIQUE

DES

ENVIRONS DE PARIS,

Par MM. G. Cuvier et Alex. Brongniart.

~~~~~~~~~

CHAPITRE PREMIER.

Introduction. *Énumération et caractère des diverses sortes de terrains qui constituent le sol des environs de Paris.*

La contrée dans laquelle cette Capitale est située est peut-être l'une des plus remarquables qui aient encore été observées, par la succession des divers terrains qui la composent, et par les restes extraordinaires d'organisations anciennes qu'elle recèle. Des milliers de coquillages marins avec lesquels alternent régulièrement des coquillages d'eau douce, en font la masse principale; des ossemens d'animaux terrestres entièrement inconnus, même par leurs genres, en remplissent certaines parties; d'autres ossemens d'espèces considérables par leur grandeur, et dont nous ne trouvons quelques congénères que dans des pays fort éloignés, sont épars dans les couches les plus superficielles; un caractère très-marqué d'une grande irruption venue du sud-est, est empreint dans les formes des caps et les directions des collines principales; en un mot, il n'est point de canton plus capable de nous instruire sur les dernières révolutions qui ont terminé la formation de nos continens.

Ce pays a cependant été fort peu étudié sous ce point de vue; et quoique depuis si long-temps il soit habité par tant d'hommes instruits, ce que l'on en a écrit se réduit à quelques essais fragmentaires, et presque tous, ou purement minéralogiques, sans aucun égard aux fossiles organisés, ou purement zoologiques, et sans égard à la position de ces fossiles.

Un mémoire de Lamanon sur les gypses et leurs ossemens fait peut-être seul exception à cette classification; et cependant nous devons reconnoître que l'excellente description de Montmartre, par M. Desmarets; les renseignemens donnés par le même savant sur le bassin de la Seine, dans l'Encyclopédie méthodique; l'essai minéralogique sur le département de Paris, par M. Gillet-Laumont; les grandes et belles recherches sur les coquilles fossiles de ses environs, par M. de Lamarck; et la description géologique de la même contrée, par M. Coupé, ont été consultés par nous avec fruit, et nous ont plusieurs fois dirigés dans nos voyages.

Nous pensons cependant que le travail, dont nous présentons ici les résultats, ne sera point sans intérêt, après tous ceux que nous venons de citer.

Par la nature de leur objet, nos courses devoient être limitées selon l'espèce du terrain, et non pas d'après les distances arbitraires; nous avons donc dû d'abord déterminer les bornes physiques du canton que nous voulions étudier.

Le bassin de la Seine est séparé, pendant un assez grand espace, de celui de la Loire, par une vaste plaine élevée, dont la plus grande partie porte vulgairement le nom de Beauce, et dont la portion moyenne et la plus sèche s'étend du nord-ouest au sud-est, sur un espace de plus de quarante lieues, depuis Courville jusqu'à Montargis.

Cette plaine s'appuie vers le nord-ouest à un pays plus élevé qu'elle, et surtout beaucoup plus coupé, dont les rivières d'Eure, d'Aure, d'Ilon, de Rille, d'Orne, de Mayenne, de Sarte, d'Huine et de Loir tirent leurs sources : ce pays dont la partie la plus élevée, qui est entre Seez et Mortagne, formoit autrefois la province du Perche et une partie de la Basse-Normandie, appartient aujourd'hui au département de l'Orne.

La ligne de séparation physique de la Beauce et du Perche passe à-peu-près par les villes de Bonnevalle, Alluye, Iliers, Courville, Pontgouin et Verneuil.

De tous les autres côtés, la plaine de Beauce domine ce qui l'entoure.

Sa chute, du côté de la Loire, ne nous intéresse pas pour notre objet.

Celle qui est du côté de la Seine se fait par deux lignes, dont l'une à l'occident regarde l'Eure, et l'autre à l'orient regarde immédiatement la Seine.

La première va de Dreux vers Mantes.

L'autre part d'auprès de Mantes, passe par Marly, Meudon, Palaiseau, Marcoussy, la Ferté-Alais, Fontainebleau, Nemours, etc.

Mais il ne faut pas se représenter ces deux lignes comme droites ou uniformes : elles sont au contraire sans cesse inégales, déchirées; de manière que si cette vaste plaine étoit entourée d'eau, ses bords offriroient des golfes, des caps, des détroits, et seroient partout environnés d'îles et d'îlots.

Ainsi dans nos environs la longue montagne où sont les bois de Saint-Cloud, de Ville-d'Avray, de Marly et des Aluets, et qui s'étend depuis Saint-Cloud jusqu'au confluent de la rivière de Mauldre dans la Seine, feroit une île séparée du reste par le détroit où est aujourd'hui Versailles, par la petite vallée de Sèvres et par la grande vallée du parc de Versailles.

L'autre montagne, en forme de feuille de figuier, qui porte Bellevue, Meudon, les bois de Verrière, ceux de

Châville, formeroit une seconde île séparée du continent par la vallée de Bièvre et par celle des coteaux de Jouy.

Mais ensuite, depuis Saint-Cyr jusqu'à Orléans, il n'y a plus d'interruption complète, quoique les vallées où coulent les rivières de Bièvre, d'Ivette, d'Orge, d'Étampes, d'Essonne et de Loing entament profondément le continent du côté de l'est, celles de Vesgre, de Voise et d'Eure du côté de l'ouest.

La partie de la côte la plus déchirée, celle qui présenteroit le plus d'écueils et d'îlots, est celle qui porte vulgairement le nom de Gâtinois français, et surtout sa portion qui comprend la forêt de Fontainebleau.

Les pentes de cet immense plateau sont en général assez rapides, et tous les escarpemens qu'on y voit, ainsi que ceux des vallées, et les puits que l'on creuse dans le haut pays, montrent que sa nature physique est la même partout, et qu'elle est formée d'une masse prodigieuse de sable fin qui recouvre toute cette surface, passant sur tous les autres terrains ou plateaux inférieurs sur lesquels cette grande plaine domine.

Sa côte qui regarde la Seine depuis la Mauldre jusqu'à Nemours, formera donc la limite naturelle du bassin que nous avons à examiner.

De dessous ses deux extrémités, c'est-à-dire vers la Mauldre et un peu au-delà de Nemours, sortent immédiatement deux portions d'un plateau de craie qui s'étend en tout sens et à une grande distance pour former toute la Haute-Normandie, la Picardie et la Champagne.

Les bords intérieurs de cette grande ceinture, lesquels passent du côté de l'est par Montereau, Sézanne, Épernay, de celui de l'ouest, par Montfort, Mantes, Gisors, Chaumont, pour se rapprocher de Compiègne, et qui font au nord-est un angle considérable qui embrasse tout le Laonnais, complètent, avec la côte sableuse que nous venons de décrire, la limite naturelle de notre bassin.

Mais il y a cette grande différence, que le plateau sableux qui vient de la Beauce est supérieur à tous les autres, et par conséquent le plus moderne, et qu'il finit entièrement le long de la côte que nous avons marquée; tandis qu'au contraire le plateau de craie est naturellement plus ancien et inférieur à tous les autres; qu'il ne fait que cesser de paroître au dehors le long de la ligne de circuit que nous venons d'indiquer, mais que, loin d'y finir, il s'enfonce visiblement sous les supérieurs; qu'on le retrouve partout où l'on creuse ces derniers assez profondément, et que même il s'y relève dans quelques endroits, et s'y reproduit pour ainsi dire en les perçant.

On peut donc se représenter que les matériaux qui composent le bassin de Paris, dans le sens où nous le limitons, ont été déposés dans un vaste espace creux, dans une espèce de golfe dont les côtes étoient de craie.

Ce golfe faisoit peut-être un cercle entier, une espèce de grand lac; mais nous ne pouvons pas le savoir, attendu que ses bords du côté sud-ouest ont été recouverts, ainsi que les matériaux qu'ils contenoient, par le grand plateau sableux dont nous avons parlé d'abord.

Au reste ce grand plateau sableux n'est pas le seul qui ait recouvert la craie. Il y en a plusieurs en Champagne et en Picardie qui, quoique plus petits, sont de même nature, et peuvent avoir été formés en même temps. Ils sont placés comme lui immédiatement sur la craie, dans les endroits où celle-ci étoit assez haute pour ne point se laisser recouvrir par les matériaux du bassin de Paris.

Nous décrirons d'abord la craie, la plus ancienne des matières que nous ayons dans nos environs.

Nous terminerons par le plateau sableux, le plus nouveau de nos produits géologiques.

Nous traiterons entre ces deux extrêmes des matières moins étendues, mais plus variées, qui avoient rempli la grande cavité de la craie avant que le plateau de sable se déposât sur les unes comme sur l'autre.

Ces matières peuvent se diviser en deux étages.

Le premier, qui couvre la craie partout où elle n'étoit pas assez élevée, et qui a rempli tout le fond du golfe, se subdivise lui-même en deux parties égales en niveau, et placées, non pas l'une sur l'autre, mais bout à bout ; savoir :

Le plateau de calcaire siliceux non coquillier ;
Le plateau de calcaire grossier coquillier.

Nous connoissons assez les limites de cet étage du côté de la craie, parce que celle-ci ne le recouvre point ; mais ces mêmes limites sont masquées en plusieurs endroits par le second étage et par le grand plateau sableux qui forme le troisième et qui recouvre une grande partie des deux autres.

Le second étage est formé de gypse et de marne. Il n'est pas répandu généralement, mais seulement d'espace en espace et comme par taches ; encore ces taches sont-elles très-différentes les unes des autres par leur épaisseur et par les détails de leur composition.

Ces deux étages intermédiaires, aussi bien que les deux étages extrêmes, sont recouverts, et tous les vides qu'ils ont laissés sont en partie remplis par une autre sorte de terrain, mélangé aussi de marne et de silice, et que nous appelons terrain d'eau douce, parce qu'il fourmille de coquilles d'eau douce seulement.

Telles sont les grandes masses dont notre canton se compose et qui en forment les différens étages. Mais, en subdivisant chaque étage, on peut arriver encore à plus de précision, et l'on obtient des déterminations minéralogiques plus rigoureuses, qui donnent jusqu'à onze genres distincts de couches, dont nous allons présenter d'abord l'énumération et ensuite les caractères distinctifs.

Enumération des diverses sortes de terrains ou de formations (1) *qui constituent le sol des environs de Paris.*

1. Formation de la craie.
2. — De l'argile plastique.

---

(1) Nous nous servirons souvent, pour nommer ces diverses sortes de terrain, du mot *formation* adopté par l'école de Freyberg pour désigner un ensemble de couches de même nature ou de différente nature, mais formées à la même époque.

La plupart de ces formations ont été inconnues jusqu'à présent aux

3. — Du

3. — Du calcaire grossier et de son grès marin.
4. — Du calcaire siliceux.
5. — Du gypse à ossemens et du premier terrain d'eau douce.
6. — Des marnes marines.
7. — Des grès sans coquilles et du sable.
8. — Du grès marin supérieur.
9. — Des meulières sans coquilles et du sable argilleux.
10. — Du second terrain d'eau douce, comprenant les marnes et meulières à coquilles d'eau douce.
11. — Du limon d'atterrissement, tant ancien que moderne, comprenant les cailloux roulés, les poudingues, les marnes argileuses noires et les tourbes.

Pour éviter les répétitions nous ne suivrons pas exactement, dans l'exposition que nous allons faire des caractères distinctifs de ces dernières formations, l'ordre du tableau précédent. Mais nous réunirons quelquefois dans le même article et les terrains qui sont absolument semblables par leur nature minéralogique et ceux qui se suivent et sont, pour ainsi dire, dépendant les uns des autres, quoique différens par leur formation et par leur nature minéralogique.

Article premier. — *De la craie.*

La craie a été considérée par plusieurs Géologistes comme d'une formation très-récente, peu distincte et peu importante. Il est résulté de cette fausse opinion qu'elle a

---

Géologistes de la célèbre école de Freyberg, du moins nous n'avons pu en reconnoître presqu'aucune dans les ouvrages qu'ils ont publiés, et que nous avons eu occasion de consulter. Cependant, comme il est possible que ces diverses formations existent ailleurs qu'aux environs de Paris, il nous a paru utile de leur donner des dénominations précises qui puissent fournir aux Géologistes le moyen de les désigner clairement s'ils les reconnoissoient ailleurs.

été mal caractérisée. Nous allons chercher à rectifier et à compléter ses caractères d'après les observations que nous avons faites sur la craie abondante aux environs de Paris, et sur celle que nous avons vue en Angleterre et dans diverses parties de la France.

Les caractères extérieurs et en petit de la craie sont les moins utiles pour sa distinction géologique. Elle est en général à grain fin, assez tendre, presque toujours blanche; mais ce caractère est plutôt trompeur que distinctif (1). Ce n'est point de la chaux carbonatée pure; celle de Meudon contient, suivant M. Bouillon-la-Grange, environ 0.11 de magnésie, et 0.19 de silice, dont la plus grande partie est à l'état de sable qu'on peut en séparer par le lavage (2).

Ses caractères en grand sont, 1°. de présenter des masses considérables dont les assises sont souvent très-peu distinctes. Ces assises sont horizontales, mais ne se subdivisent guère horizontalement comme celles du calcaire grossier. 2°. Ces masses renferment presque toujours des lits interrompus ou de silex de formes irrégulières dont les surfaces adhérentes à la craie fondent, pour ainsi dire, ces deux substances l'une dans l'autre, ou de noyaux plus durs que le reste de la masse, qui ont la forme de silex et sont disposés comme eux.

La distance respective des lits de silex varie aux en-

---

(1) M. Werner paroît l'avoir jugé de même, puisqu'il donne le gris et le brun pour couleur de la craie.

(2) M. Haquet à trouvé dans la craie de Volhynie : chaux, 47; magnésie, 8; acide carbonique, 33; silice, 7; alumine, 2; fer oxidé, 0.5.

virons de Paris suivant les lieux. A Meudon ils sont à environ deux mètres l'un de l'autre, et l'espace compris entre deux lits de silex ne renferme aucun morceau isolé de cette pierre. A Bougival, les bancs sont plus éloignés et les silex moins nombreux (1).

Mais ce qui caractérise essentiellement cette formation, ce sont les fossiles qu'elle renferme, fossiles tout-à-fait différens, non-seulement par les espèces, mais souvent par les genres de tous ceux que renferme le calcaire grossier.

Malheureusement les espèces de ces fossiles n'ont pas été encore toutes déterminées, ce qui ne nous permet pas de donner à la liste que nous allons en présenter, l'exactitude desirable. Nous suivons la méthode et la nomenclature de M. de Lamark.

Fossiles de la craie des environs de Paris.

Belemnites . . . . Il y en a peut-être deux espèces ; elles paroissent différentes de celles du calcaire compacte.

Lenticulites rotulata.
Lituolites nautiloidea.
— *difformis.*
Pinna . . . . Il n'est pas sûr que les gros fragmens planes de 12 millimètres d'épaisseur et à texture striée, qu'on trouve dans la craie, appartiennent à ce genre de coquille. Nous avons vu chez M. Defrance des portions de charnière qui indiquent un autre genre.

---

(1) Il paroît que dans une grande partie de la Champagne la craie ne renferme pas de silex.

Mytilus . . . . Très-différent de tous ceux du calcaire grossier.
Cardium ?
Ostraea vesicularis.
— *deltoidea.*
Pecten . . . . M. Defrance en a reconnu deux espèces.
Crania . . . . Elle seroit adhérente et différente en cela des espèces connues.
Perna ?
Terebratula . . . . Il y en a plusieurs espèces.
Spirorbis.
Serpula.
Ananchites ovatus ? . . . . L'enveloppe crustacée des oursins est changée en calcaire spathique, tandis que le milieu est converti en silex.
Spatangus Cor. anguinum Kl.
Porpytes.
Caryophyllia.
Millepora . . . . Les millepores sont souvent en l'état de fer oxidé brun.
Alcyonium.
Des dents de squales.

Aucune de ces espèces ne se trouve dans le calcaire grossier. Le genre bélemnite est le fossile caractéristique de la craie. Cette formation est donc parfaitement distincte de la formation du calcaire marin qui la recouvre. Il ne paroît pas qu'il y ait eu entre elles de transition insensible ; du moins dans l'espace de terrain que nous avons étudié (1).

---

(1) Tous ces caractères qui se trouvent également dans le calcaire de la montagne de Maëstricht, nous font penser que ce terrain appartient à la

On ne reconnoît point de différences aussi tranchées entre la craie et le calcaire compacte qu'elle recouvre ; et si c'étoit le lieu d'agiter ici cette question, nous rapporterions des observations qui nous portent à croire que ces deux formations sont peu différentes, et qu'elles passent de l'une à l'autre par des transitions insensibles. Il paroît certain, par exemple, que la craie d'autres pays renferme des espèces de coquilles que nous n'avons pas encore reconnues dans celle des environs de Paris. Il paroît même qu'on y rencontre des ammonites qui semblent être le fossile caractéristique du calcaire compacte.

Ces faits prouvent que la craie n'est pas, comme on l'a cru, d'une formation tout-à-fait récente. Nous allons faire voir qu'elle a été suivie de quatre à cinq formations très-distinctes, et qui indiquent un long espace de temps et de grandes révolutions entre l'époque du dépôt de ce calcaire et celle où nos continents ont reçu la forme qu'ils ont actuellement.

L'énumération que nous venons de donner des fossiles de la craie, est le résultat de nos observations, et surtout de celles de M. Defrance. Nous ferons remarquer, avec ce naturaliste, qu'on n'a encore trouvé dans la craie des environs de Paris, aucune coquille univalve à spire simple et régulière. Ainsi il n'y a aucune cérite, aucun fuseau, etc. Ce fait est d'autant plus remarquable, que nous allons rencontrer ces coquilles en grande

---

formation de la craie. M. Defrance y a reconnu absolument la même espèce de bélemnite que dans la craie de Meudon.

abondance, quelques mètres au-dessus de la craie, dans des couches également calcaires, mais d'une structure différente.

La craie forme le fond du bassin ou du golfe sur lequel se sont déposés les différentes sortes de terrains qu'on voit aux environs de Paris. Avant que cet ancien sol eût été recouvert par les matières qui composent ces terrains, sa surface devoit présenter des enfoncemens et des saillies qui y formoient des vallées, des collines ou des buttes. Ces inégalités nous sont indiquées par les îles et promontoires de craie qui percent dans quelques points les nouveaux terrains, et par les excavations qu'on a faites dans ceux-ci, et qui ont atteint la craie à des profondeurs très-variables. Ce qu'il y a de remarquable, c'est que ces inégalités ne paroissent avoir aucune correspondance avec celles de la surface actuelle du terrain qui nous occupe, comme le prouveront les détails que nous donnerons dans le second chapitre.

Art. II. — *De l'argile plastique.*

Presque toute la surface de la masse de craie est recouverte d'une couche d'argile plastique, qui a des caractères communs fort remarquables, quoiqu'elle présente dans divers points des différences sensibles.

Cette argile est onctueuse, tenace, renferme de la silice, mais très-peu de chaux; ensorte qu'elle ne fait aucune effervescence avec les acides. Elle est même absolument infusible au feu de porcelaine, lorsqu'elle ne contient point une trop grande quantité de fer.

Elle varie beaucoup en couleur ; il y en a de très-blanche (à Moret ; dans la forêt de Dreux, etc.) : de grise (à Montereau ; à Condé près d'Houdan); de jaune (à Abondant près la forêt de Dreux); de gris-ardoisé pur , de gris ardoisé mêlé de rouge , et de rouge presque pur (dans tout le sud de Paris depuis Gentilly jusqu'à Meudon).

Cette argile plastique est, selon ses diverses qualités, employée à faire de la faïence fine , ou des grès , ou des creusets et des étuis à porcelaine, ou bien enfin de la poterie rouge qui a la dureté du grès, lorsqu'on peut la cuire convenablement. Sa couleur rouge , les grains pyriteux, les portions de silex, les petits fragmens de craie et les cristaux de sélénite qu'elle renferme quelquefois, sont les seuls défauts qu'on y trouve.

Cette couche varie beaucoup d'épaisseur : dans quelques parties, elle a jusqu'à 16 mètres et plus ; dans d'autres, elle ne forme qu'un lit mince d'un ou deux décimètres.

On rencontre souvent deux bancs d'argile; le supérieur que les ouvriers appellent *fausses glaises*, est sablonneux, noirâtre, renferme quelquefois des débris de corps organisés; il est séparé de l'inférieur par un lit de sable. C'est à celui-ci seulement qu'appartiennent les caractères que nous avons donnés de l'argile plastique.

S'il se trouve réellement des fossiles marins ou terrestres dans cette argile, ils y sont extrêmement rares ; nous n'en avons point encore vu (1) dans les couches

---

(1) On a trouvé, dans les fouilles qu'on fait actuellement (1810) à

d'argile plastique proprement dites, dans celles enfin qui sont immédiatement superposées à la craie. Nous avons cependant observé beaucoup de ces couches en place, et nous avons examiné des amas considérables de cette argile dans les nombreuses manufactures qui en font usage; enfin les ouvriers qui l'exploitent au sud de Paris, ceux qui l'exploitent aux environs d'Houdan et de Montereau, nous ont assuré n'y avoir jamais rencontré ni coquilles, ni ossemens, ni bois, ni végétaux.

Dolomieu, qui a reconnu ce même banc d'argile entre la craie et le calcaire grossier, dans l'anse que forme la Seine, en face de Rolleboise (1), dit, à la vérité, qu'on y a trouvé des fragmens de bois bitumineux, et qu'on les avoit même pris pour de la houille ; mais il faut observer, 1°. que ces petites portions de lignite ont été trouvées dans des parties éboulées du banc qui avoient pu les envelopper à une époque postérieure au dépôt primitif de cette argile ; 2°. que les *fausses glaises* qui recouvrent quelquefois cette argile renferment souvent du bois et des coquilles fossiles.

Les lieux que nous avons cités plus haut, prouvent

Marly, au-dessous des bancs calcaires et dans les fausses glaises, un grand nombre de coquilles blanches, comprimées et très-friables. Ces coquilles sont tellement brisées qu'il n'est guère possible d'en déterminer les espèces avec certitude. On remarque que ce sont presque toutes des cithérées voisines du *citherea nitidula*, mais plus épaisses. On y voit aussi des turritelles. Cette argile sablonneuse diffère beaucoup de l'argile plastique qui recouvre immédiatement la craie, et qu'on a trouvée en sondant. Celle-ci a plus de 10 mètres d'épaisseur ; elle est très-grasse, marbrée de rouge, elle a tous les caractères de l'argile de Vanvres, et ne renferme plus une seule coquille.

(1) *Journal des mines*, N° IX, p. 45.

que ce banc d'argile a une très-grande étendue, et qu'il conserve, dans toute cette étendue, ses principaux caractères de formation et de position.

Si nous comparons les descriptions que nous venons de donner des couches de craie et des couches d'argile plastique, nous remarquerons, 1°. qu'on ne trouve dans l'argile aucun des fossiles qu'on rencontre dans la craie, 2°. qu'il n'y a point de passage insensible entre la craie et l'argile, puisque les parties de la couche d'argile, les plus voisines de la craie, ne renferment pas plus de chaux que les autres parties.

Il nous semble qu'on peut conclure de ces observations, premièrement : que le liquide, qui a déposé la couche d'argile plastique, étoit très-différent de celui qui a déposé la craie, puisqu'il ne contenoit point sensiblement de chaux carbonatée, et qu'il n'y vivoit aucun des animaux qui habitoient dans les eaux qui ont déposé la craie.

Secondement : qu'il y a eu nécessairement une séparation tranchée, et peut-être même un long espace de temps, entre le dépôt de la craie et celui de l'argile, puisqu'il n'y a aucune transition entre ces deux sortes de terrain. L'espèce de brèche à fragment de craie et pâte d'argile que nous avons remarquée à Meudon, semble même prouver que la craie étoit déjà solide, lorsque l'argile s'est déposée. Cette terre s'est insinuée entre les fragmens de craie produits à la surface du terrain crayeux, par le mouvement des eaux, ou par toute autre cause.

Les deux sortes de terrain que nous venons de décrire,

ont donc été produites dans des circonstances tout-à-fait différentes. Elles sont le résultat de formations des plus distinctes et des plus caractérisées qu'on puisse trouver dans la géognosie, puisqu'elles diffèrent par la nature chimique, par le genre de stratification, et surtout par celui des fossiles qu'on y rencontre.

Art. III. — *Du calcaire grossier et de son grès coquillier marin.*

Le calcaire grossier ne recouvre pas toujours l'argile immédiatement ; il en est souvent séparé par une couche de sable plus ou moins épaisse. Nous ne pouvons dire si ce sable appartient à la formation du calcaire ou à celle de l'argile. Nous n'y avons pas trouvé de coquilles dans les endroits peu nombreux, il est vrai, où nous l'avons observé, ce qui le rattacheroit à la formation argileuse ; mais la couche calcaire la plus inférieure renfermant ordinairement du sable et étant toujours remplie de coquilles, nous ne savons pas encore si ce sable est différent du premier, ou si c'est le même dépôt. Ce qui nous feroit soupçonner qu'il est différent, c'est que le sable des argiles que nous avons vues, est généralement assez pur, quoique coloré en rouge ou en gris bleuâtre. Il est réfractaire et souvent à très-gros grains.

La formation calcaire, à partir de ce sable, est composée de couches alternatives, de calcaire grossier plus ou moins dur, de marne argileuse, même d'argile feuilletée en couches très-minces, et de marne calcaire; mais il ne faut pas croire que ces divers bancs y soient placés au hasard et sans règles : ils suivent toujours le même ordre de superposition dans l'étendue considérable de terrain que nous avons parcourue. Il y en a quelquefois plusieurs qui manquent ou qui sont très-minces ; mais celui qui étoit inférieur dans un canton, ne devient jamais supérieur dans un autre.

Cette constance dans l'ordre de superposition des couches les plus minces, et sur une étendue de 12 myriamètres au moins, est, selon nous, un des faits le plus remarquables que nous ayons constatés dans la suite de nos recherches. Il doit en résulter pour les arts et pour la géologie, des conséquences d'autant plus intéressantes, qu'elles sont plus sûres.

Le moyen que nous avons employé pour reconnoître au milieu d'un si grand nombre de lits calcaires, un lit déjà observé dans un canton très-éloigné, est pris de la nature des fossiles renfermés dans chaque couche : ces fossiles sont toujours généralement les mêmes dans les couches correspondantes, et présentent d'un système de couche à un autre système, des différences d'espèces assez notables. C'est un signe de reconnoissance qui jusqu'à présent ne nous a pas trompés.

Il ne faut pas croire cependant que la différence d'une couche à l'autre soit aussi tranchée que celle de la craie au calcaire. S'il en étoit ainsi, on auroit autant de formations particulières ; mais les fossiles caractéristiques d'une couche deviennent moins nombreux dans la couche

3 *

supérieure, et disparoissent tout-à-fait dans les autres, où sont remplacés peu à peu par de nouveaux fossiles qui n'avoient point encore paru.

Nous allons indiquer, en suivant cette marche, les principaux systèmes de couches qu'on peut observer dans le calcaire grossier. On trouvera dans les chapitres suivans, la description complète, lit par lit, des nombreuses carrières que nous avons examinées, et l'énumération des espèces de fossiles que nous y avons reconnues ; c'est de ces observations que nous avons tiré les résultats que nous présentons ici d'une manière générale.

Les premières couches et les plus inférieures de la formation calcaire sont le mieux caractérisées : elles sont très-sablonneuses et souvent même plus sablonneuses que calcaires. Quand elles sont solides, elles se décomposent à l'air et tombent en poussière : aussi la pierre qu'elles donnent n'est-elle susceptible d'être employée que dans quelques circonstances particulières.

Le calcaire coquillier qui la compose et même le sable qui la remplace quelquefois, renferment presque toujours de la terre verte en poudre ou en grain. Cette terre, d'après les essais que nous avons faits, est analogue par sa composition à la chlorite baldogée ou terre de Vérone, et doit sa couleur au fer. Elle ne se trouve que dans les couches inférieures : on n'en voit ni dans la craie, ni dans l'argile, ni dans les couches calcaires moyennes ou supérieures, et on peut regarder sa présence comme l'indice sûr du voisinage de l'argile plastique, et par conséquent de la craie. Mais ce qui caractérise encore plus particulièrement ce système de couche, c'est la quantité prodigieuse de coquilles fossiles qu'il renferme ; la plupart de ces coquilles s'éloignent beaucoup plus des espèces actuellement vivantes, que celles des couches supérieures.

C'est dans cette même couche qu'on trouve des nummulites. Elles y sont ou seules ou mêlées avec des madrépores et quelques coquilles. Elles sont toujours les plus inférieures, et par conséquent les premières qui se soient déposées sur la formation de craie ; mais il n'y en a pas partout. Nous en avons trouvé près Villers-Cotterets, dans le vallon de Vaucienne ; à Chantilly, à la descente de la Morlaye. Elles y sont mêlées avec des coquilles très-bien conservées et avec de gros grains de quartz qui font de cette pierre une sorte de poudingue ; au mont Ganelon près Compiègne ; au mont Ouin près de Gisors, etc.

Un autre caractère particulier aux coquilles de cette couche, c'est qu'elles sont la plupart bien entières et bien conservées, qu'elles se détachent facilement de leur roche, et qu'enfin beaucoup d'entre elles ont conservé leur éclat nacré.

Les autres systèmes de couches sont moins distincts.

Les couches moyennes renferment encore un très-grand nombre d'espèces de coquilles. On y remarque : un banc tantôt tendre et ayant souvent une teinte verdâtre, qui l'a fait nommer *banc vert* par les ouvriers ; tantôt d'un gris jaunâtre et dur. Il présente fréquemment à sa partie inférieure des empreintes brunes de feuilles et de tiges de végétaux, mêlées avec des cerites, des ampullaires épaisses et d'autres coquilles marines. La plupart de ces empreintes de feuilles très-nettes et très-variées ne peuvent être rapportées à aucune plante marine; la couche qui les renferme se voit à Chatillon, à S^t.-Nom, à Saillancourt, etc. c'est-à-dire, dans une étendue de près de dix lieues. Nous en donnons les figures. (*fig.* I. A. B. etc.)

Le troisième système, où le supérieur renferme moins de coquilles que les deux précédens. On peut y reconnoître souvent, 1°. des bancs gris ou jaunâtres, tantôt tendres, tantôt très-durs et renfermant principalement des lucines des pierres, des ampullaires et surtout des cérites des pierres qui y sont quelquefois en quantité prodigieuse. La partie supérieure et moyenne de ce banc, souvent fort dure, est employée comme très-bonne pierre à bâtir, et connue sous le nom de *roche*.

Et 2°. vers le haut, un banc peu épais, mais dur, qui est remarquable par la quantité prodigieuse de petites corbules allongées et striées qu'il présente dans ses fissures horizontales. Ces corbules y sont couchées à plat et serrées les unes contre les autres. Elles sont généralement blanches.

Au-dessus des dernières couches de calcaire grossier, viennent les marnes calcaires dures, se divisant par fragmens dont les faces sont ordinairement couvertes d'un enduit jaune et de dendrites noires. Ces marnes sont séparées par des marnes calcaires tendres, par des marnes argileuses et par du sable calcaire, qui est quelquefois agglutiné, et qui renferme des silex cornés à zones horizontales. Nous rapportons à ce système la couche des carrières de Neuilly, dans laquelle on trouve des cristaux de quartz, des cristaux rhomboïdaux de chaux carbonatée inverse, et des petits cristaux cubiques de chaux fluatée (1).

Ce quatrième et dernier système renferme très-peu de coquilles fossiles, et même on n'en voit ordinairement aucune dans les couches supérieures.

On peut caractériser chacun de ces systèmes par les fossiles contenus dans la liste suivante.

PREMIER SYSTÈME. — *Couches inférieures.*

Nummulites lævigata	Elles se trouvent toujours dans les parties les plus inférieures : on ne les trouve pas à Grignon ; le banc de Grignon paroît appartenir plutôt aux couches moyennes qu'aux couches inférieures.
— *scabra*	
— *numismalis*	
— etc.	
Madrepora	Trois espèces au moins.
Astræa	Trois espèces au moins.
Caryophyllia	Trois espèces simples et une rameuse, non décrites. (fig. ii. iii. iv.)
Fungites (fig. v)	On ne trouve guère que cette espèce de cérites dans les couches réellement inférieures.
Cerithium giganteum	
Lucina lamellosa	
Cardium porulosum	
Voluta Cithara.	
Crassatella lamellosa.	
Turritella multisulcata.	
Ostrea Flabellula	La plupart des autres huîtres décrites par M. de Lamarck appartiennent à la craie ou à la formation marine au-dessus du gypse.
— *Cymbula*	

(1) C'est à M. Lambotin qu'est due la découverte de cette dernière substance.

DEUXIÈME SYSTÈME. — *Couches moyennes.*

Presque toutes les coquilles du banc de Grignon appartiennent à ce système. Les fossiles les plus caractéristique paroissent être les suivans,

Cardita avicularia.
Orbitolites plana.
Turritella imbricata.
Terebellum convolutum.
Calyptræa trochiformis.
Pectunculus pulvinatus.
Citheræa nitidula.
— *elegans.*
Miliolites. . . . . Ils y sont extrêmement abondans.
Cerithium ? . . . . {Peut être quelques espèces ; mais on n'y trouve ni le *Cerithium lapidum*, ni le *Cerithium petricolum*, etc., ni les *Cerithium cinctum, plicatum*, etc. Ces derniers appartiennent à la seconde formation marine, à celle qui recouvre les gypses.

Des corps articulés semblables à des plantes, (fig. VI.)

La réunion des espèces de coquilles qu'on trouve dans ces deux premiers systèmes de couches, va à près de six cents. Elles ont été presque toutes recueillies par M. Defrance, et décrites par M. de Lamark.

TROISIÈME

TROISIÈME SYSTÈME. — *Couches supérieures.*

Les espèces y sont beaucoup moins nombreuses que dans les couches moyennes.

Miliolites . . . . Ils y sont plus rares.
Cardium Lima, ou *obliquum.*
Lucina saxorum.
Ampullaria spirata.
Cerithium tuberculatum . . . . . .
— *mutabile.* . . . . } Et presque tous les autres *cérithes*, ex-
— *lapidum.* . . . . cepté le *giganteum.*
— *petricolum.* . . . .
Corbula anatina?
— *striata.* (1).

Les empreintes de feuilles et de *fucus.*

Les assises du second et du troisième système renferment dans quelques lieux des bancs de grès ou des masses de silex corné, remplis de coquilles marines. Les bancs calcaires sont même quelquefois entièrement remplacés par ce grès, qui est tantôt friable et d'un gris blanchâtre opaque, tantôt luisant, presque translucide, à cassure droite, et d'un gris plus ou moins foncé. Les coquilles qui s'y voient souvent en quantité prodigieuse sont blanches, calcaires et très-bien conservées, quoique minces et quoique mêlées quelquefois avec des cailloux roulés.

Le grès et le silex à coquilles marines sont tantôt

---

(1) Cette liste est loin d'être aussi complette et aussi exacte qu'elle est susceptible de le devenir; mais on ne pourra l'obtenir ainsi que par une longue suite de recherches et d'observations. Les résultats que peuvent présenter de semblables recherches sont très-importans pour la Géologie.

placés immédiatement sur les couches ou dans les couches du calcaire marin, comme à Triel, à Frêne route de Meaux ; à l'est de la Ferté-sous-Jouarre ; à St.-Jean-les-Deux-Jumeaux ; près de Louvres ; dans la forêt de Pontarmé ; à Sèvres ; à Maulle-sur-Maudre, etc.

Tantôt ils semblent remplacer entièrement la formation du calcaire, et offrent alors des bancs très-puissans, comme dans les environs de Pontoise, à Essainville et à Beauchamp près de Pierrelaie.

Parmi les coquilles très-variées que renferment ces grès, il en est plusieurs qui paroissent être de la même espèce que celles du dépôt de Grignon, d'autres en diffèrent un peu ; et, quoique cette différence soit légère, elle nous semble assez grande pour indiquer que les animaux des coquilles du grès marin et ceux des coquilles de Grignon ont vécu dans des circonstances un peu différentes.

Nous donnons dans la liste suivante les noms des espèces qui nous ont paru être le plus constamment dans ce grès, et le caractériser pour ainsi dire par leur présence.

FOSSILES.	LIEUX.
Calyptræa trochiformis ?	Pierrelaie.
Oliva laumontiana.	Pierrelaie, Triel.
Ancilla canalifera	Triel.
Voluta Harpula ?	Triel.
Fusus bulbiformis ?.	Pierrelaie.
Cerithium serratum.	Pierrelaie.
— *tuberculosum*	Essainville.
— *coronatum.*	Pierrelaie.
— *lapidum.*	Pierrelaie.
— *mutabile.*	Pierrelaie.

FOSSILES.	LIEUX.
Ampullaria acuta, ou *spirata* . . .	Pierrelaie, Triel.
— *patula* ? mais très-petite . . .	Pierrelaie.
Nucula deltoidea ?	Pierrelaie.
Cardium Lima ?	Pierrelaie, Triel.
Venericardia imbricata	Pierrelaie, Triel.
Cytherea nitidula	Triel.
— *elegans* ?	Triel, Pierrelaie.
— *tellinaria*	Pierrelaie.
Venus callosa ?	Pierrelaye.
Lucina circinaria	Essainville.
— *saxorum*.	

Deux espèces d'huîtres encore indéterminées, l'une voisine de l'*ostrea deltoidea*, et l'autre de l'*ostrea cymbula*. Elles sont de Pierrelaie, et il paroît qu'elles se trouvent aussi à Triel.

On voit par cette énumération, 1°. qu'il y a beaucoup moins d'espèces dans ces grès que dans les couches de Grignon; 2°. que ce n'est qu'avec doute que nous avons appliqué à la plupart de ces espèces les noms sous lesquels M. de Lamark a décrit celles de Grignon.

C'est dans ce grès et à Pierrelaie que MM. Gillet de Laumont et Beudan ont reconnu des coquilles de terre et d'eau douce (des limnées et des cyclostomes bien caractérisés) mêlées avec les coquilles marines nommées ci-dessus. Nous reviendrons sur ce fait remarquable dans le second chapitre (1); mais nous devons déjà faire observer,

---

(1) Nous ne donnerons point d'énumération particulière des lieux où se présente ce grès, nous les avons cités presque tous dans cet article. Nous décrirons ses gissemens les plus remarquables en décrivant les collines calcaires ou les collines gypseuses dans lesquelles il se trouve.

1°. que les grès de Pierrelaie sont placés immédiatement au-dessous du calcaire d'eau douce ; 2°. qu'ils renferment des cailloux roulés qui indiquent un rivage, ou au moins un fond peu éloigné des côtes.

Il résulte des observations que nous venons de rapporter, 1°. que les fossiles du calcaire grossier ont été déposés lentement et dans une mer tranquille, puisque ces fossiles s'y trouvent par couches régulières ; qu'ils ne sont point mêlés ; et que la plupart y sont dans un état de conservation parfaite, quelque délicate que soit leur structure, puisque les pointes même des coquilles épineuses sont très-souvent entières ; 2°. que ces fossiles sont entièrement différens de ceux de la craie ; 3°. qu'à mesure que les couches de cette formation se déposoient, les espèces ont changé, qu'il y en a plusieurs qui ont disparu, tandis qu'il en a paru de nouvelles, ce qui suppose une assez longue suite de générations d'animaux marins ; enfin, que le nombre des espèces de coquilles a toujours été en diminuant, jusqu'au moment où elles ont totalement disparu. Les eaux qui déposoient ces couches, ou n'ont plus renfermé de coquilles, ou ont perdu la propriété de les conserver.

Certainement les choses se passoient dans ces mers bien autrement qu'elles ne se passent dans nos mers actuelles : dans celles-ci il paroît qu'il ne se forme plus de couches solides ; les espèces de coquilles y sont toujours les mêmes dans les mêmes parages. Par exemple, depuis que l'on pêche des huîtres sur la côte de Cancale, des Avicules à perles dans le golfe Persique, etc. on ne voit pas que ces coquilles aient disparu pour être remplacées par d'autres espèces (1).

Art. IV. — *Du calcaire siliceux.*

La formation dont nous allons parler est dans une situation géologique parallèle, pour ainsi dire, à celle du calcaire marin. Elle n'est située ni au-dessous d'elle, ni au-dessus, mais à côté, et semble en tenir la place dans l'immense étendue de terrain qu'elle recouvre à l'est et au sud-est de Paris.

Ce terrain est placé immédiatement au-dessus des argiles plastiques. Il est formé d'assises distinctes, de calcaire tantôt tendre et blanc, tantôt gris et compact, et à grain très-fin, pénétré de silex qui s'y est infiltré dans tous les sens et dans tous les points. Comme il est souvent caverneux, ce silex, en s'infiltrant dans ces cavités, en a tapissé les parois de stalactites mamelonées, diversement colorées, ou de cristaux de quartz très-courts et presque sans prisme, mais nets et limpides. Cette disposition est très-remarquable à Champigny. Ce calcaire compacte, ainsi pénétré de silex, donne, par la cuisson, une chaux d'une très-bonne qualité.

---

(1) L'un de nous a fait quelques recherches sur la connoissance qu'on peut acquérir de la nature de certains fonds de mer dans les temps historiques les plus reculés. Ces recherches, qu'on ne peut faire connoître ici, paroissent prouver que depuis environ 2000 ans le fond de ces mers n'a point changé, qu'il n'a été recouvert par aucune couche, et que les espèces de coquilles qu'on y pêchoit alors, y vivent et s'y pêchent encore aujourd'hui.

Mais le caractère distinctif de cette formation singulière, de cette formation que personne n'avoit remarquée avant nous, quoiqu'elle couvre une étendue de terrain considérable, c'est de ne renfermer aucun fossile ni marin, ni fluviatile; du moins nous n'avons pu en découvrir aucun dans le grand nombre de places où nous l'avons examinée avec la plus scrupuleuse attention.

C'est dans ce terrain que se trouve une des sortes de pierres connues sous le nom de meulières, et qui semblent avoir été la carcasse siliceuse du calcaire siliceux. Le silex dépouillé de sa partie calcaire par une cause inconnue, a dû laisser et laisse en effet des masses poreuses, mais dures, dont les cavités renferment encore de la marne argileuse et qui ne présentent aucune trace de stratification; nous avons fait de véritables meulières artificielles en jetant du calcaire siliceux dans de l'acide nitrique. Il ne faut pas cependant confondre ces meulières avec celles dont il va être question dans le huitième article. Nous ferons connoître dans la seconde partie les divers cantons qui sont formés de ce calcaire. Nous terminerons son histoire générale en disant qu'il est souvent à nu à la surface du sol, mais que souvent aussi il est recouvert de marnes argileuses, de grès sans coquilles, et enfin de terrain d'eau douce. Telle est la structure du sol de la forêt de Fontainebleau.

Art. V et VI. — *Du gypse, de la première formation d'eau douce et des marnes marines.*

Le terrain dont nous allons tracer l'histoire est un des exemples le plus clairs de ce que l'on doit entendre par formation. On va y voir des couches très-différentes les unes des autres par leur nature chimique, mais évidemment formées ensemble.

Le terrain que nous nommons gypseux n'est pas seulement composé de gypse, il consiste en couches alternatives de gypse et de marne argileuse et calcaire. Ces couches ont suivi un ordre de superposition qui a été toujours le même dans la grande bande gypseuse que nous avons étudiée, depuis Meaux jusqu'à Triel et Grisy. Quelques couches manquent dans certains cantons; mais celles qui restent sont toujours dans la même position respective.

Le gypse est placé immédiatement au-dessus du calcaire marin, et il n'est pas possible de douter de cette superposition. La position des carrières de gypse de Clamart, de Meudon, de Ville-d'Avray, au-dessus du calcaire grossier qu'on exploite aux mêmes lieux; celle des carrières de la montagne de Triel, dont la superposition est encore plus évidente; un puits creusé dans le jardin de M. Lopès, à Fontenay-aux-Roses, et qui a traversé d'abord le gypse et ensuite le calcaire; enfin l'inspection que nous avons faite par nous-mêmes des couches que traversent les puits des carrières à pierre qui sont situées au pied de la butte de Bagneux, sont des preuves plus que suffisantes de la position du gypse sur le calcaire.

Les collines ou buttes gypseuses ont un aspect particulier qui les fait reconnoître de loin; comme elles sont toujours placées sur le calcaire, elles forment sur les collines les plus hautes, comme une seconde colline allongée ou conique très-distincte.

Nous ferons connoître les détails de cette formation, en prenant pour exemples les montagnes qui présentent l'ensemble de couches le plus complet; et quoique Montmartre ait été déjà bien visité, c'est encore le meilleur et le plus intéressant exemple que nous puissions choisir.

On reconnoît, tant à Montmartre que dans les collines qui semblent en faire la suite, trois masses de gypse. La plus inférieure est composée de couches alternatives et peu épaisses de gypse souvent séléniteux (1), de marnes calcaires solides et de marnes argileuses très-feuilletées. C'est dans les premières que se voient principalement les gros cristaux de gypse jaunâtre lenticulaire, et c'est dans les dernières que se trouve le silex ménilite. Il paroît que les parties inférieures de cette masse ont été déposées tantôt à nu sur le sable calcaire marin coquillier, et alors elles renferment des coquilles marines, comme l'ont reconnu à Montmartre MM. Desmarest, Coupé, etc. (2),

---

(1) C'est-à-dire mêlé de cristaux de gypse d'une forme déterminable.
(2) Voyez dans les chapitres suivans, à l'article de Montmartre, les détails relatifs à ces coquilles.

tantôt

tantôt sur un fond de marne blanche, renfermant une grande quantité de coquilles d'eau douce, et qui avoit d'abord recouvert le sol marin. Cette seconde circonstance nous semble prouvée par deux observations faites, l'une à Belleville par M. Héricart de Thury, et l'autre par nous à la rue de Rochechouart. En creusant des puits dans ces deux endroits on traverse les dernières couches de la basse masse, et on trouve dans les parties inférieures de cette masse un banc puissant de cette marne blanche d'eau douce, dont nous venons de parler. Au-dessous de ce banc on arrive aux premières assises de la formation de calcaire marin (1).

La seconde masse, ou la masse intermédiaire, ne diffère de la précédente, que parce que les bancs gypseux sont plus épais, que les couches marneuses y sont moins multipliées. On doit remarquer parmi ces marnes celle qui est argileuse, compacte, gris-marbré, et qui sert de pierre à détacher. C'est principalement dans cette masse qu'on a trouvé les poissons fossiles. On n'y connoît point d'ailleurs d'autres fossiles. Mais on commence à y trouver la strontiane sulfatée ; elle est en rognons épars à la partie inférieure de la marne marbrée.

La masse superficielle, que les ouvriers nomment la première, est à tous égards la plus remarquable et la plus importante ; elle est d'ailleurs beaucoup plus puis-

---

(1) On donnera les détails des couches qu'a traversé le puits de la rue de Rochechouart, dans le second chapitre, art. 3.

sante que les autres, puisqu'elle a dans quelques endroits jusqu'à 20 mètres d'épaisseur; elle n'est altérée que par un petit nombre de couches marneuses; et dans quelques endroits, comme à Dammartin, à Montmorency, elle est située presque immédiatement au-dessous de la terre végétale.

Les bancs de gypse les plus inférieurs de cette première masse renferment des silex qui semblent se fondre dans la matière gypseuse et en être pénétrés. Les bancs intermédiaires se divisent naturellement en gros prismes à plusieurs pans. M. Desmarest les a fort bien décrits et figurés; on les nomme les *hauts pilliers*; enfin les bancs les plus supérieurs, appelés *chiens*, sont pénétrés de marne : ils sont peu puissans, et alternent avec des couches de marne. Il y en a ordinairement cinq qui se continuent à de grandes distances.

Mais ces faits déjà connus ne sont pas les plus importans; nous n'en parlons que pour les rappeler et mettre de l'ensemble dans notre travail. Les fossiles que renferme cette masse et ceux que contient la marne qui le recouvre, présentent des observations d'un tout autre intérêt.

C'est dans cette première masse qu'on trouve journellement des squelettes et des ossemens épars d'oiseaux et de quadrupèdes inconnus. Au nord de Paris, ils sont dans la masse gypseuse même : ils y ont conservé de la solidité, et ne sont entourés que d'une couche très-mince de marne calcaire; mais dans les carrières du midi ils sont souvent dans la marne qui sépare les bancs gypseux; ils ont alors une grande friabilité. Nous ne parlerons pas de la manière dont ils sont situés dans la masse, sur leur état de conservation, sur leurs espèces, etc.; ces objets ont été suffisamment développés dans les Mémoires de l'un de nous. On a aussi trouvé dans cette masse des os de tortue et des squelettes de poisson.

Mais ce qui est bien plus remarquable et beaucoup plus important par les conséquences qui en résultent, c'est qu'on y trouve, quoique très-rarement, des coquilles d'eau douce. Au reste une seule suffit pour démontrer la vérité de l'opinion de Lamanon et de quelques autres naturalistes qui pensent que les gypses de Montmartre et des autres collines du bassin de Paris se sont cristallisés dans des lacs d'eau douce. Nous allons rapporter dans l'instant de nouveaux faits confirmatifs de cette opinion.

Enfin cette masse supérieure est essentiellement caractérisée par la présence des squelettes de mammifères. Ces ossemens fossiles servent à la faire reconnoître lorsqu'elle est isolée; car nous n'avons jamais pu en trouver, ni constater qu'on en ait trouvé dans les masses inférieures.

Au-dessus du gypse sont placés de puissans bancs de marne tantôt calcaire, tantôt argileuse.

C'est dans les lits inférieurs, et dans une marne calcaire blanche et friable, qu'on a rencontré à diverses reprises des troncs de palmier pétrifiés en silex. Ils étoient couchés et d'un volume considérable. C'est dans ce même système de couches qu'on a trouvé dans presque toutes les carrières de la butte Chaumont et même dans les carrières de l'est de Montmartre, des coquilles du genre des limnées et des planorbes qui diffèrent à peine des espèces qui vivent dans nos mares. Ces fossiles prouvent que ces marnes sont de formation d'eau douce, comme les gypses qui sont au-dessous.

Les gypses, les bancs de marne qui les séparent, et celles qui les recouvrent jusqu'à la marne blanche que nous venons de décrire inclusivement, constituent la première ou la plus ancienne formation d'eau douce des environs de Paris. On voit que c'est dans la marne calcaire blanche que se trouvent principalement les coquilles d'eau douce qui caractérisent cette formation. On ne connoît d'ailleurs, dans cette première formation d'eau douce, ni meulière ni d'autres silex que les ménilites et que les silex cornés des dernières assises de gypse de la haute masse.

Au-dessus de ces marnes blanches se voient encore des bancs très-nombreux et souvent puissans de marnes argileuses ou calcaires. On n'y a encore découvert aucun fossile ; nous ne pouvons donc dire à quelle formation elles appartiennent.

On trouve ensuite un banc d'une marne jaunâtre feuilletée qui renferme vers sa partie inférieure des rognons de strontiane sulfatée terreuse, et un peu au-dessus, un lit mince de petites coquilles bivalves qui sont couchées et serrées les unes contre les autres. Nous rapportons ces coquilles au genre cythérée (1). Ce lit, qui semble avoir bien peu d'importance, est remarquable, premièrement par sa grande étendue ; nous l'avons observé sur un espace de plus de dix lieues de long, sur plus de quatre de large, toujours dans la même place et de la même épaisseur. Il est si mince, qu'il faut savoir exactement où on doit le chercher pour le trouver. Secondement, parce qu'il sert de limite à la formation d'eau douce, et qu'il indique le commencement d'une nouvelle formation marine.

En effet, toutes les coquilles qu'on rencontre au-dessus de celles-ci sont marines. Ce banc de marne jaune feuilletée a environ un mètre d'épaisseur, et contient souvent entre ses feuillets supérieurs des cythérées d'une autre espèce, des cérites, des spirobes et des os de poissons.

On trouve d'abord, et immédiatement après, et toujours en montant, un banc puissant et constant de marne argileuse verdâtre qui, par son épaisseur, sa couleur et sa continuité, se fait reconnoître de loin. Il sert de guide pour arriver aux coquilles bivalves, puisque c'est au-dessous de lui qu'on les trouve. Il ne renferme d'ailleurs aucun fossile, mais seulement des géodes argilo-calcaires et des rognons de strontiane sulfatée. Cette marne est employée dans la fabrication de la faïence grossière.

Les quatre ou cinq bancs de marne qui suivent les

---

(1) Nous déduirons dans le second chapitre les raisons qui nous ont dirigés dans la détermination de ces coquilles fossiles.

marnes vertes sont peu épais, et ne paroissent pas non plus contenir de fossiles; mais ces lits sont immédiatement recouverts d'une couche de marne argileuse jaune qui est pétrie de débris de coquillages marins dont les espèces appartiennent aux genres cérites, trochus, mactres, vénus, cardium, etc. On y rencontre aussi des fragmens de palais d'une Raie qui paroît être analogue à la Raie-aigle et des portions d'aiguillon de la queue d'une Raie voisine de la pastenague.

Les couches de marne qui suivent celle-ci présentent presque toutes des coquilles fossiles marines, mais seulement des bivalves; et les dernières couches, celles qui sont immédiatement au-dessous du sable argileux, renferment deux bancs d'huîtres assez distincts. Le premier et le plus inférieur est composé de grandes huîtres très-épaisses : quelques-unes ont plus d'un décimètre de longueur. Vient ensuite une couche de marne blanchâtre sans coquilles, puis un second banc d'huîtres très-puissant, mais subdivisé en plusieurs lits. Ces huîtres sont brunes, beaucoup plus petites et beaucoup plus minces que les précédentes. Ces derniers bancs d'huîtres sont d'une grande constance, et nous ne les avons peut-être pas vu manquer deux fois dans les nombreuses collines de gypse que nous avons examinées. Il nous paroît presque sûr que ces huîtres ont vécu dans le lieu où on les trouve aujourd'hui; car elles sont collées les unes aux autres comme dans la mer, la plupart sont bien entières et si on les extrait avec soin on remarque que beaucoup d'entre elles ont leurs deux valves. Enfin M. Defrance a trouvé près de Roquencourt, à la hauteur de la formation des marnes gypseuses marines, des morceaux arrondis de calcaire marneux coquillier, percés de pholades, et portant encore les huîtres qui y étoient attachées (1). La formation gypseuse est souvent terminée par une masse plus ou moins épaisse de sable argileux qui ne renferme aucune coquille.

Telles sont les couches qui composent généralement la formation gypseuse. Nous étions tentés de la diviser en deux, et de séparer l'histoire des marnes marines du sommet, de celle du gypse et des marnes d'eau douce du fond; mais les couches sont tellement semblables les unes aux autres, elles s'accompagnent si constamment, que nous avons cru devoir nous contenter d'indiquer cette division. Nous réunissons dans le tableau suivant les espèces de fossiles qui appartiennent au gypse et à la formation marine qui le surmonte.

---

(1) Il paroît que la présence des huîtres dans les marnes gypseuses ne s'observe pas seulement à Montmartre. Les marnes qui recouvrent le gypse des environs d'Oxfort renferment aussi de grandes huîtres couvertes de cristaux de sélénite.

Fossiles du gypse et des marnes marines qui le recouvrent.

FORMATION D'EAU DOUCE.

MASSE GYPSEUSE. MAMMIFÈRES	*Paleotherium magnum.* — *medium.* — *crassum.* — *curtum.* — *minus.* *Anoplotherium commune.* — *secundarium.* — *medium.* — *minus.* — *minimum.* Un pachyderme voisin des cochons. *Canis parisiensis.* *Didelphis parisiensis.* *Viverra parisiensis.*
OISEAUX.......	Oiseaux, 3 à 4 espèces.
REPTILES	*Trionix parisiensis* et une autre Tortue. Une espèce de Saurien, qui paroît un Crocodile.
POISSONS	Poissons, 3 à 4 espèces.
MOLLUSQUES.....	*Cyclostoma mumia* ... { L'individu que nous possédons est noir.
MARNES BLANCHES SUPÉRIEURES.	Palmier. Débris de poissons. Limnées. Planorbes.

MARNES

FORMATION MARINE.

MARNES JAUNES FEUILLETÉES { Cythérées bombées, n° 1, (fig. 7. A. B.) . . . / Spirorbes (fig. 7. S.) . . / Os de poisson . . . . . / Cerithium plicatum . . . / Spirorbes . . . . / Cythérées planes, n° 2, (fig. 8.) . . . . . . / Os de poisson . . . . . } On ne trouve ordinairement que les moules intérieurs et extérieurs de ces coquilles, le test a presqu'entièrement disparu, ou s'est réduit en un calcaire blanc pulvérulent.

MARNES VERTES . . Point de fossiles.

MARNES JAUNES MÊLÉES DE MARNES FEUILLETÉES BRUNES. { Aiguillons et palais de raie. / *Ampullaria patula* ? . . . / *Cerithium plicatum.* . . / — *cinctum* . . . . . . / *Cytherea elegans.* . . . / — *semisulcata* ? ? . . . / *Cardium obliquum* . . . / *Nucula margaritacea* . . . . } Presque toutes ces coquilles sont écrasées et difficiles à reconnoître.
Les deux cérites de la formation marine qui recouvre le gypse, paroissent ne se trouver que dans cette formation : nous ne les avons pas encore vues dans le calcaire de la formation marine inférieure.

MARNES CALCAIRES A GRANDES HUITRES . . . { *Ostrea Hippopus.* . . . / — *Pseudochama.* . . . / — *longirostris* . . . . / — *canalis.* . . . . . . }

MARNES CALCAIRES A PETITES HUITRES . . . { — *Cochlearia* . . . . . / — *Cyathula.* . . . . . / — *spatulata.* . . . . . / — *Linguatula.* . . . . / Balanes. . . . . . . / Pattes de crabes. . . . }

Les deux bancs d'huîtres sont souvent séparés par des marnes sans coquilles; mais nous ne pouvons pas encore dire exactement quelles sont les espèces qui appartiennent à chaque banc, et si même elles ne s'y trouvent pas indistinctement; nous pouvons toutefois avancer que les huîtres des marnes gypseuses ne se trouvent point dans le calcaire intérieur, et qu'elles sont généralement bien plus semblables aux huîtres de nos côtes que celles du calcaire grossier.

Il nous reste à dire quelques mots sur les principales différences qu'offrent les collines qui appartiennent à cette formation. Les collines gypseuses forment comme une espèce de longue et large bande qui se dirige du sud-est au nord-ouest, sur une largeur de six lieues environ. Il paroît que dans cette zone il n'y a que les collines du centre qui présentent distinctement les trois masses de gypse. Celles des bords, telles que les plâtrières de Clamart, Bagneux, Antoni, le Mont-Valérien, Grisy, etc., et celles des extrémités, telles que les plâtrières de Chelles et de Triel ne possèdent qu'une masse. Cette masse nous paroît être analogue à celle que les carriers nomment la première, c'est-à-dire la plus superficielle, puisqu'on y trouve les os fossiles de mammifères qui la caractérisent, et qu'on ne rencontre pas dans ses marnes ces gros et nombreux cristaux de gypse lenticulaire qu'on observe dans les marnes de la seconde et de la troisième masse.

Quelquefois les marnes du dessus manquent presque entièrement; quelquefois c'est le gypse lui-même qui manque totalement ou qui est réduit à un lit mince. Dans le dernier cas, la formation est représentée par les marnes vertes accompagnées de strontiane. Les formations gypseuses du parc de Versailles, près de Saint-Cyr, celles de Viroflay, sont dans la premier cas; celles de Meudon, de Ville-d'Avray, sont dans le second cas.

Nous devons rappeler ici ce que l'un de nous a dit ailleurs (1), c'est que le terrain gypseux des environs

---

(1) Brongniart, *Traité élémentaire de minéralogie*, t. I, p. 177.

de Paris ne peut se rapporter exactement à aucune des formations décrites par M. Werner ou par ses disciples. Nous en avons alors déduit les raisons qu'il est inutile de répéter.

Art. VII. — *Du sable et des grès sans coquilles.*

Le grès sans coquille est une des dernières formations. Il recouvre constamment les autres, et n'est ordinairement recouvert que par les meulières sans coquilles, et par la formation du terrain d'eau douce (1). Ses bancs sont souvent très-épais et entremêlés de bancs de sable de même nature que lui. Le sable qui supporte les bancs supérieurs, a été quelquefois entraîné par les eaux ; les bancs se sont alors rompus et ont roulé sur les flancs des collines qu'ils formoient : tels sont les grès de la forêt de Fontainebleau, ceux de Palaiseau, etc.

Non-seulement ce grès et ce sable ne contiennent point de fossiles, mais ils sont souvent très-purs et fournissent des sables estimés dans les arts, et qu'on va recueillir à Etampes, à Fontainebleau, à la butte d'Aumont, et dans ce cas ils donnent naissance aux grès solides. Ils sont cependant quelquefois ou altérés par un mélange d'argile, ou colorés par des oxides de fer ; tels sont la plupart des sables des hauteurs de Montmorency, de Meudon, du Plessis-Piquet, de Fontenay-aux-Roses, etc.

---

(1) Il paroît cependant, comme nous allons le dire dans l'article suivant, qu'il a été recouvert dans quelques lieux par une formation marine de grès ou ou de calcaire.

ou imprégnés de chaux carbonatée qui les a pénétrés par infiltration lorsqu'ils sont recouverts du terrain calcaire d'eau douce ; tel est le cas des grès de plusieurs parties de la forêt de Fontainebleau.

Art. VIII. *Des sables et des grès marins supérieurs.*

Ce grès, ou plutôt cette dernière formation marine de nos cantons est placée au-dessus des gypses, des marnes marines, et même au-dessus des sables et des grès sans coquilles. Il varie de couleur, de solidité, et même de nature ; tantôt c'est un grès pur, mais friable et rougeâtre (Montmartre) ; tantôt c'est un grès rouge et argileux (Romainville) ; tantôt c'est un grès gris (Levignan) ; enfin il est quelquefois remplacé par une couche mince de calcaire sableux, rempli de coquilles, qui recouvre de grandes masses de grès gris dur et sans aucune coquille (Nanteuil-le-Haudouin).

Ce grès renferme des coquilles marines d'espèces assez variées et assez semblables à celles des bancs inférieurs du calcaire ; quelquefois le test de la coquille a entièrement disparu, et il n'en reste plus que le moule (Montmartre, Romainville).

Ce qui nous fait dire que cette dernière formation marine est non-seulement supérieure à celle du gypse, mais encore aux bancs étendus et souvent très-puissans de grès et de sable sans coquilles. C'est premièrement sa position bien évidente au-dessus des masses de grès de Nanteuil-le-Haudouin, et en second lieu la masse considérable de sable rougeâtre dénué de tout fossile, sur laquelle elle est placé à Montmartre, à Romainville, à Sanois, etc.

Les coquilles que renferme ce grès sont quelquefois différentes de celles qu'on trouve dans la formation marine inférieure, et se rapprochent davantage de celles des marnes calcaires qui surmontent le gypse, ainsi que le fait voir la liste suivante.

Coquilles de la formation marine la plus supérieure.

Oliva mitreola.	Nanteuil-le-Haudouin.
Fusus ? voisin du *longævus*. . . .	Romainville.
Cerithium cristatum	Montmartre, Romainville.
— *lamellosum*	Levignan.
— *mutabile ?*	Montmartre.
Solarium ? Lam. pl. VIII, fig. VII . .	Montmartre.
Melania costellata ?	Montmartre.
Melania ?	Nanteuil-le-Haudouin.
Pectunculus pulvinatus	Montmartre.
Crassatella compressa ?	Montmartre.
Donax retusa ?	Montmartre.
Citherea nitidula.	Montmartre.
— *lævigata*.	Montmartre.
— *elegans ?*	Montmartre, Nanteuil-le-Haudouin.
Corbula rugosa	Montmartre.
Ostrea flabellula	Montmartre.

Il y a donc aux environs de Paris trois sortes de grès, quelquefois très-semblables entre eux par leurs caractères minéralogiques, mais très-différens par leur position ou par leurs caractères géologiques. Le premier, le plus inférieur, fait partie des couches de la formation du calcaire marin grossier, et renferme généralement les mêmes espèces de coquilles que ce calcaire. Le second surmonte la formation gypseuse et même la formation de marne marine qui le recouvre, c'est le plus étendu; il est quelquefois entièrement superficiel, et ne renferme aucune coquille. Le troisième n'est recouvert que par la dernière formation d'eau douce, et suit immédiatement le second. Il est beaucoup plus rare que les deux autres, et renferme comme le premier un grand nombre de coquilles marines.

En observant cette dernière formation marine, placée dans une position si différente des autres, on ne peut s'empêcher de réfléchir aux singulières circonstances qui ont dû présider à la formation des couches que nous venons d'examiner. En reprenant ces couches depuis la craie, on se représente d'abord une mer qui dépose sur son fond une masse immense de craie et des mollusques d'espèces particulières. Cette précipitation de craie et des coquilles qui l'accompagnent cesse tout-à-coup; des couches d'une toute autre nature lui succèdent, et il ne se dépose d'abord que de l'argile et du sable: mais bientôt une autre mer où la même produisant de nouveaux habitans, nourrit une prodigieuse quantité de mollusques testacés, tous différens de ceux de la craie; elle forme sur son fond des bancs puissans, composés en grande partie des enveloppes testacées de ces mollusques. Peu à peu cette production de coquilles diminue et cesse aussi tout-à-fait; la mer se retire et le sol se couvre d'eau douce; il se forme des couches alternatives de gypse et de marne qui enveloppent et les débris des animaux que nourrissoient ces lacs, et les ossemens de ceux qui vivoient sur leurs bords.

La mer revient; elle nourrit d'abord quelques espèces de coquilles bivalves et de coquilles turbinées. Ces coquilles disparoissent et sont remplacées par des huîtres. Il se passe ensuite un intervalle de temps pendant lequel il se dépose une grande masse de sable. On doit croire ou qu'il ne vivoit alors aucun corps organisé dans cette mer, ou que leurs dépouilles ont été complètement détruites; car on n'en voit aucun débris dans ce sable; mais les productions variées de la seconde mer inférieure reparoissent, et on retrouve au sommet de Montmartre, de Romainville, de la colline de Nanteuil-le-Haudouin, etc. les mêmes coquilles qu'on a trouvées dans les couches moyennes du calcaire grossier.

Enfin la mer se retire entièrement pour la seconde fois; des lacs ou des mares d'eau douce la remplacent et couvrent des débris de leurs habitans presque tous les sommets des côteaux et les surfaces même de quelques-unes des plaines qui les séparent.

Art. IX. — *Formation des meulières sans coquilles.*

Quoiqu'il y ait quelquefois très-peu de différence entre la nature des couches qui constituent cette formation et celles de la septième, il y a dans la plupart des cas des différences trop nombreuses et trop importantes pour qu'on puisse les regarder comme les mêmes.

Ces deux formations se trouvent tantôt réunies dans

ce même lieu, et tantôt séparées. Dans le premier cas, qui n'est pas le plus fréquent, les meulières sont supérieures aux sables qui renferment les grès. Cette superportion est très-distincte sur les talus qui bordent la grande route de Chartres, à la descente du bois de Sainte-Apolline au village de Pontchartrain.

La formation des meulières consiste en sable argilo-ferrugineux, en marne argilleuse verdâtre, rougeâtre, ou même blanche, et en meulière proprement dite. Ces trois substances ne paroissent suivre aucun ordre dans leur superposition ; la meulière est tantôt dessus, tantôt dessous et tantôt au milieu, ou du sable ou de la marne argileuse.

La meulière est, comme on sait, un silex criblé d'une multitude de cavités irrégulières, garnies de filets siliceux, disposés à peu-près comme le tissu réticulaire des os, et tapissées d'un enduit d'ocre rouge. Ces cavités sont souvent remplies de marne argilleuse ou de sable argilleux. Elles ne communiquent point entre elles.

La plupart des meulières des environs de Paris ont une teinte rougeâtre, rosâtre et jaunâtre, quelques-unes, et ce sont les plus rares et les plus estimées, sont blanchâtres, avec une nuance bleuâtre.

Nous ne connoissons dans les meulières dont il est ici question, ni infiltration siliceuse mamelonée à la manière des calcédoines, ni cristallisation de quartz, et ce caractère nous paroît assez bon pour les faire distinguer hors de place des meulières du calcaire siliceux. Elles sont cependant quelquefois comme ces dernières, presque compactes.

Lorsqu'on

Lorsqu'on choisit dans une masse de meulière une partie compacte et exempte de terres étrangères mêlangées, on reconnoît par l'analyse qu'elle est presque entièrement composée de silice (1).

Mais un autre caractère géologique des meulières proprement dites, c'est l'absence de tout corps organisé animal ou végétal, marin ou d'eau douce. Nous n'en avons jamais vu aucun; Guettard et M. Coquebert-Montbret, dans les descriptions qu'ils ont données, le premier, des meulières d'Houlbec, et le second, de celles des Molières, font la même observation, ce qui doit inspirer beaucoup de confiance dans la généralité de ce caractère, quoiqu'il soit négatif.

La formation des meulières repose assez souvent sur un banc de marne argileuse, qui paroît appartenir à la formation du gypse; dans quelques endroits elle est séparée par un banc plus ou moins puissant de sable ou de grés sans coquilles.

Elle n'est quelquefois recouverte que par la terre végétale, mais souvent on trouve encore au-dessus d'elle tantôt la formation d'eau douce qui consiste, comme on va le voir, en marne calcaire et en silex très-semblable par son aspect et par ses usages aux meulières que nous décrivons, tantôt on trouve le terrain d'attérissement ancien, consistant en cailloux roulés dans un sable à gros grains, comme à Houlbec, près de Pacy-sur-Eure.

---

(1) Hecht. Journ. des Min. n° 22, page 333.

Art. X. — *De la seconde formation des terrains d'eau douce.*

Nous avons déjà parlé, art. V, d'un terrain qui a été certainement formé dans l'eau douce, puisque presque tous les fossiles qu'il renferme appartiennent à des animaux analogues à ceux qui vivent actuellement dans les lacs. Ce terrain assez profond, composé de gypse et de marne, est séparé par une puissante formation marine, d'un autre terrain d'eau douce qui est superficiel, et que nous allons décrire dans cet article.

Le second terrain d'eau douce est composé aux environs de Paris de deux sortes de pierre, de silex et de calcaire.

Tantôt ces deux pierres se présentent indépendamment l'une de l'autre, tantôt elles sont mêlées et comme pétries ensemble.

Le calcaire d'eau douce à peu près pur, est le plus commun; le mélange de silex et de calcaire vient ensuite; les grandes masses de silex d'eau douce sont les plus rares.

Ce silex est tantôt du silex pyromaque pur et transparent (Triel); tantôt un silex opaque, quelquefois à cassure résineuse (Saint-Ouen, le Bourget), quelquefois à cassure largement conchoïde et terne, semblable à celle du jaspe (Triel); tantôt enfin c'est un silex carié qui a tous les caractères de la meulière proprement dite, mais qui est généralement plus compacte que la meulière sans coquilles (forêt de Montmorency, Saint-Cyr, etc.).

Quoique les caractères extérieurs du calcaire d'eau douce soient peu tranchés, ils sont cependant assez remarquables, lorsqu'ils existent. Il suffit souvent d'avoir acquis l'habitude de voir ce calcaire pour en reconnoître des fragmens présentés isolément, et privés des coquilles qui le caractérisent essentiellement.

Tout celui que nous connoissons aux environs de Paris est blanc ou d'un gris jaunâtre, il est tantôt tendre et friable comme de la marne et de la craie, tantôt compacte, solide, à grain fin et à cassure conchoïde; quoique dans ce dernier cas il soit assez dur, il se brise facilement et éclate en fragmens à bords aigus à la manière du silex, en sorte qu'il ne peut pas se laisser tailler.

Nous ne parlons ici que du calcaire des environs de Paris; car à une plus grande distance on trouve du calcaire très-compacte d'un gris brun qui se laisse très-bien tailler et polir, malgré les infiltrations spathiques qui l'ont pénétré et qui n'ont pas entièrement rempli les cavités: le calcaire de Mont-Abusar, près d'Orléans, qui renferme des os de Paleotherium, appartient à la formation d'eau douce; le marbre de Château-Landon, qui est en bancs extrêmement puissans, renfermant des lymnées et des planorbes, et présentant tous les caractères attribués au calcaire d'eau douce, doit aussi être rapporté à cette formation.

Que ce calcaire soit marneux ou qu'il soit compacte, il fait voir très-souvent des cavités cylindriques irrégulières et à peu près parallèles, quoique sinueuses. On prendra une idée exacte de ces cavités, en se représentant celles que devroient laisser dans une vase épaisse et tranquille des bulles de gaz qui monteroient pendant un certain temps de son fond vers sa surface : les parois de ces cavités sont souvent colorées en vert pâle.

Enfin le terrain d'eau douce est quelquefois composé de calcaire et de silex mêlés ensemble ; ce dernier est carié, caverneux, et ses cellules irrégulières sont remplies de la marne calcaire qui l'enveloppe (plaine de Trappe, Charenton).

Le calcaire d'eau douce, quelque dur qu'il paroisse au moment où on le retire de la carrière, a souvent la propriété de se désaggréger par l'influence de l'air et de l'eau ; de là vient l'emploi considérable qu'on en fait comme marne d'engrais dans la plaine de Trappe, près Versailles, dans celle de Gonesse et dans toute la Beauce.

Mais ce qui caractérise essentiellement cette formation, c'est la présence des coquilles d'eau douce et des coquilles terrestres presque toutes semblables pour les genres à celles que nous trouvons dans nos marais ; ces coquilles sont des limnées, des planorbes, des coquilles turbinées, voisines des cérites, des cyclostomes, des hélices, etc. On y trouve aussi ces petits corps ronds et cannelés que M. de Lamark a nommés *gyrogonite :* on n'en connoît plus l'analogue vivant, mais leur position nous indique que le corps organisé dont ils faisoient partie devoit vivre dans l'eau douce. Il est assez remarquable qu'on ne trouve point de bivalves dans ce terrain.

La plupart des coquilles renfermées dans ce terrain

ayant été décrites spécialement par l'un de nous (1), nous renverrons aux descriptions et aux figures qu'il en a données, et nous emploierons les noms qu'il leur a imposés, comme nous avons employé ceux de M. de Lamark à l'égard des coquilles marines.

Les fossiles qui appartiennent particulièrement au terrain d'eau douce supérieur, sont les suivans:

Cyclostoma elegans antiquum.
Potamides Lamarkii.
Planorbis rotundatus.
— *Cornu.*
— *prevostinus.*
Limneus corneus.
— *Fabulum.*
— *ventricosus.*
— *inflatus.*
Bulimus pygmeus.
— *Terebra.*
Pupa Defrancii.
Helix Lemani.
— *desmarestina.*
Des bois dicotylédons pétrifiés en silex.
Des tiges de graminées d'*arundo*, ou de *tipha*.
Des tiges articulées ressemblant à des épis, etc.
Des graines ovoïdes pédiculées.
Des graines cylindroïdes cannelées.
Des corps oliveïformes à surface cannelée irrégulièrement (2).

On ne trouve généralement d'autres coquilles que des coquilles d'eau douce et des coquilles terrestres dans ce terrain lorsqu'il est d'ailleurs assez éloigné du terrain

---

(1) M. Brongniart, *Annales du Muséum*, tom. XV, page 357.
(2) Voyez les descriptions et les figures de tous ces corps dans le Mémoire cité plus haut. *Ann. du Mus.*, tom. XV, page 381.

marin pour qu'il n'ait pu exister aucun mélange accidentel des deux sortes de productions. Quelque abondantes que soient ces coquilles, elles appartiennent toutes, comme dans nos marais actuels, à un petit nombre de genres et d'espèces ; dans quelque lieu et sous quelque étendue de terrain qu'on les observe, on n'y voit jamais cette multitude de genres et d'espèces différentes qui caractérisent les productions de la mer.

On a trouvé près de Pontoise un grès marin qui renferme dans ses bancs supérieurs des coquilles évidemment d'eau douce mêlées avec des coquilles marines. Lorsque nous décrirons le lieu où s'est présenté ce singulier mélange, nous essaierons d'en apprécier la cause et l'importance.

La seconde formation d'eau douce recouvre ordinairement toutes les autres, elle se trouve dans toutes les situations, mais cependant plutôt vers le sommet des collines et sur les grands plateaux que dans le fond des vallées ; quand elle existe dans ces derniers lieux, elle a été ordinairement recouverte par le sol d'attérissement qui constitue la dernière formation. Dans les plaines hautes et dans les vallées elle est ordinairement composée de calcaire ou marneux ou compacte, avec des noyaux siliceux (la Beauce, Trappe, le Ménil-Aubry, Melun, Fontainebleau); mais sur les sommets, en forme de plateaux qui terminent les collines gypseuses, on ne trouve souvent que le silex et la meulière d'eau douce (Triel, Montmorency, Sanois, etc.).

On remarque que la meulière d'eau douce forme un

banc peu épais placé presque immédiatement au-dessous de la terre végétale, et que ce banc est séparé du sable sans coquilles qui le porte par une couche mince de marne argileuse.

Nous rapportons à cette formation les sables des hauteurs qui renferment des bois et des parties de végétaux changées en silex; nous avons été portés à faire cette réunion en observant, au sommet des collines de Longjumeau, des sables qui renferment des bois et des végétaux silicifiés, mêlés avec des silex remplis de limnées, de planorbes, de potamides, etc.

Le terrain d'eau douce est extrêmement répandu, non-seulement aux environs de Paris jusqu'à trente lieues au sud, mais on le trouve encore dans d'autres parties de la France, l'un de nous l'a reconnu dernièrement dans le Cantal et dans le département du Puy-de-Dôme (1); il nous paroît assez étonnant d'après cela que si peu de Naturalistes y aient fait attention, nous ne connoissons que M. Coupé qui en ait fait une mention expresse (2).

La grande étendue de ce terrain aux environs de Paris, sa présence dans beaucoup d'autres lieux doit nécessai-

---

(1) Voyez les descriptions de ces terrains par M. Brongniart, *Annales du Muséum*, tom. XV, page 388.

(2) Bruguière avoit reconnu que les coquilles qu'on trouve si abondamment dans les moulières de la forêt de Montmorency étoient des coquilles d'eau douce.

Nous n'ayons trouvé aucune observation dans les Minéralogistes étrangers qui puisse nous faire croire que cette formation qui n'est ni accidentelle, ni locale, ait été connue des Géologues de l'école de Freyberg.

rement faire admettre l'existence de grands amas d'eau douce dans l'ancien état de la Terre ; quand même nous n'aurions plus d'exemples de ces amas, il ne nous sembleroit pas plus difficile de croire qu'ils ont dû nécessairement exister, que d'admettre la présence de la mer sur le sol qui constitue actuellement notre continent, et que tant d'autres phénomènes géologiques inexplicables et cependant incontestables ; mais dans ce cas-ci nous avons encore sous nos yeux des exemples de lacs d'eau douce dont l'étendue en longueur égale presque celle de la France du nord au sud, et dont la largeur est immense. Il suffit de jeter les yeux sur une carte de l'Amérique septentrionale, pour être frappé de la grandeur des lacs Supérieur, Michighan, Huron, Erié et Ontario ; on voit que si les eaux douces actuelles avoient la propriété de déposer des couches solides sur leur fond, et que ces lacs vinssent à s'écouler, ils laisseroient un terrain d'une étendue bien plus considérable que tous ceux dont nous avons parlé ; ce terrain seroit composé non-seulement des coquilles d'eau douce que nous connoissons, mais peut-être aussi de biens d'autres productions dont nous n'avons aucune idée, et qui peuvent vivre dans le fond inconnu de masses d'eau douce aussi considérables.

Non-seulement la présence de ce terrain suppose des lacs immenses d'eau douce, mais il suppose encore dans ces eaux des propriétés que nous ne retrouvons plus dans celles de nos marais, de nos étangs et de nos lacs qui ne déposent que du limon friable. On n'a remarqué
dans

dans aucune d'elles la faculté que possédoient les eaux douces de l'ancien monde de former des dépôts épais de calcaire jaunâtre et dur, de marnes blanches et de silex souvent très-homogènes, enveloppant tous les débris des corps organisés qui vivoient dans ces eaux, et les ramenant même à la nature siliceuse et calcaire de leur enveloppe.

Art. XI. — *Du limon d'atterrissement.*

Ne sachant comment désigner cette formation, nous lui avons donné le nom de *limon*, qui indique un mélange de matières déposées par les eaux douces. En effet, le limon d'atterrissement est composé de sable de toutes les couleurs, de marne, d'argile, ou même du mélange de ces trois matières imprégnées de carbone, ce qui lui donne un aspect brun et même noir. Il contient des cailloux roulés; mais ce qui le caractérise plus particulièrement, ce sont les débris des grands corps organisés qu'on y observe. C'est dans cette formation qu'on trouve de gros troncs d'arbres, des ossemens d'éléphans, de bœufs, d'élans et d'autres grands mammifères.

C'est aussi à cette formation qu'appartiennent les dépôts de cailloux roulés du fond des vallées, et ceux de quelques plateaux, tels que le bois de Boulogne, la plaine de Nanterre à Chatou, certaines parties de la forêt de Saint-Germain, etc. Ces terrains, quoique sablonneux, ne peuvent point être confondus avec le sable des hauteurs. Ils s'en distinguent par leur position plus basse, quoique d'une formation postérieure à celui-ci, par les cailloux roulés qu'ils renferment, par les blocs de quartz, de grès, de silex cariés qui y sont dispersés, etc.

Le limon d'atterrissement a été déposé sur le fond des vallées et des bassins qui ont été creusés dans les terrains que nous venons de décrire. Il ne se trouve pas seulement dans le fond des vallées actuellement existantes, il a couvert des vallées ou des excavations qui depuis ont été remplies. On peut observer cette disposition dans la tranchée profonde qu'on a faite près de Sévran pour y faire passer le canal de l'Ourque. Cette tranchée a fait voir la coupe d'une ancienne cavité remplie des matières qui composent le limon d'atterrissement, et c'est dans cette espèce de fond de marais qu'on a trouvé des os d'éléphans et de gros troncs d'arbres.

C'est à l'existence de ces débris de corps organisés qui ne sont pas encore entièrement décomposés, qu'on doit attribuer les émanations dangereuses et souvent pestilentielles qui se dégagent de ces terres lorsqu'on les remue pour la première fois après cette longue suite de siècles qui s'est écoulée depuis leur dépôt; car il en est de cette formation qui paroît si moderne, comme de toutes celles que nous venons d'examiner. Quoique très-moderne en comparaison des autres, elle est encore antérieure aux temps historiques, et on peut dire que le limon de l'ancien monde ne ressemble en rien à celui du monde actuel, puisque les bois et les animaux qu'on y trouve sont entièrement différens, non seulement des animaux des contrées où on les trouve déposés, mais encore de tous ceux qu'on connoît jusqu'à présent.

DEUXIÈME CHAPITRE.

Preuves et développemens. — *Description des diverses sortes de terrains qui constituent le sol des environs de Paris.*

Nous venons de faire connoître, dans la première partie de ce Mémoire, les caractères et l'ordre de superposition des différentes sortes de roches qui composent le terrain dont nous avons entrepris la description ; nous en avons exposé les caractères distinctifs et les principales propriétés, nous avons fait voir l'ordre dans lequel elles ont été placées les unes par rapport aux autres ; nous avons enfin indiqué quels sont les fossiles caractéristiques qu'elles renferment, et nous nous sommes contentés de donner quelques exemples pris des lieux où elles se montrent le plus facilement.

L'objet de cette seconde partie est de faire connoître, par une description détaillée, la position géographique des diverses sortes de roches ou de formations que nous avons déterminées, et les particularités qu'elles offrent dans les lieux où nous les avons étudiées. Nous combinerons donc ici l'ordre de superposition avec l'ordre géographique.

Nous diviserons en trois régions principales le terrain que nous allons décrire. Celle du nord de la Seine, celle qui est située entre la Seine et la Marne, et celle du midi de la Seine. Nous irons généralement de l'est à l'ouest.

8 *

1re ET 2e FORMATIONS. — *Craie et argile plastique.*

La craie étant la formation la plus ancienne, et par conséquent la plus inférieure de toutes celles qui constituent le sol du bassin de Paris, est aussi celle qui se montre le plus rarement à nu. Nous ferons mention non seulement des lieux où on la voit à la surface du terrain, mais encore de ceux où on l'a reconnue par des fouilles plus ou moins profondes.

La craie paroissant former les parois de l'espèce de bassin dans lequel tous les autres terrains ont été déposés, notre but principal a été de déterminer les bords de ce bassin tant au nord qu'au midi. Nous en avons déjà indiqué les limites dans le premier chapitre, il nous reste à les décrire dans celui-ci avec plus d'exactitude.

On a déjà vu que les bords septentrionaux de ce bassin étoient assez faciles à suivre. La première partie visible de cette espèce de ceinture de craie, en partant du point le plus voisin de la rive septentrionale de la Seine à l'est de Paris, commence à Montreau, et se continue sans interruption sensible jusqu'à la Roche-Guyon, sur le bord de la Seine au N. O. de Paris.

Elle passe derrière Provins, devant Sésanne, derrière Montmirail, devant Epernay, à Fimes, derrière Laon, près Compiégne au nord de cette ville, près de Beauvais et à Gisors. Au reste, la carte que nous présentons donnera les bords de cette ceinture plus exactement que la plus longue description.

Nous pouvons d'autant mieux regarder la ligne que

nous venons de suivre comme les bords du bassin de craie, qu'en sortant de cette bordure pour s'éloigner de Paris, on se trouve dans presque toutes les directions sur des plateaux ou dans des plaines de craie d'une étendue très-considérable. Au-delà de ces limites, la craie ne s'enfonce que rarement, et qu'à très-peu de profondeur sous les autres terrains. Elle se montre, comme on le sait, absolument à nu à la surface du sol dans la Champagne. Elle imprime à ce sol une telle stérilité qu'on y voit des plaines immenses non seulement privées de culture, mais encore arides et absolument dénuées de végétation, excepté dans quelques parties très-circonscrites où des masses de calcaire grossier forment comme des espèces d'îles ou d'oasis au milieu de ces déserts. Il est telle partie de ces plaines de craie qui, depuis des siècles, n'a peut-être été visitée par aucun être vivant; nul motif ne peut les y amener, aucun végétal n'y appelle les animaux; par conséquent ni la culture ni la chasse ne peuvent y attirer les hommes.

On fera remarquer à cette occasion que l'argile et la craie pures sont les deux seules sortes de terrains qui soient absolument impropres à la végétation; plusieurs espèces de plantes peuvent être cultivées dans les sables les plus arides si on parvient à les fixer; mais nous ne connoissons jusqu'à présent aucun moyen de défricher en grand ni l'argile ni la craie. Heureusement cette sorte de terrain ne se montre pas fréquemment aussi à découvert que dans les lieux que nous venons de citer; elle est ordinairement recouverte d'argile, de silex, de sable ou de calcaire grossier qui, par leur mélange en diverses proportions, forment des terres propres aux différens genres de culture.

La craie s'élève près de Montreau, sur la rive droite de la Seine, en coteaux de 30 à 40 mètres de hauteur. Elle porte une couche d'argile, dont l'épaisseur est variable. Cette argile appartient, comme nous l'avons dit, à la même formation que celle de Vanvres, d'Arcueil, etc.; mais elle est plus pure, et sur-tout beaucoup plus blanche; et comme elle conserve sa couleur à un feu modéré, elle est très-propre à la fabrication de la faïence fine. C'est aussi de ces carrières que les manufactures de faïence fine de Paris et de ses environs à plus de dix lieues à la ronde tirent leur argile.

La craie de Champagne commence près de Sésanne, aux marais de Saint-Gond, où elle est encore recouverte d'argile. A Lanoue et à Changnion, elle paroît immédiatement au-dessous d'un tuf calcaire (1).

Tout le coteau de Marigny, en face de Compiégne, et depuis Clairoy au N. E. (2) jusqu'à Rivecourt au S. O., est de craie. Cette craie renferme peu de silex.

La craie ne paroît pas à nu sur la rive gauche de l'Oise, mais elle y est à très-peu de profondeur; le sable calcaire qui se trouve sous tous les bancs de pierre calcaire en est l'indice certain. On sait d'ailleurs que tous les puits de Compiégne sont creusés dans la craie.

---

(1) Les terrains de craie indiqués à l'est de Fimes, d'Epernay et de Sésanne ont été placés d'après les Mémoires de Guettard, et sont hors de notre carte.

(2) Hors de la carte.

Nous avons retrouvé la craie près de Beaumont-sur-Oise, de Chambly à Gisors et à la côte de la Houssoye, sur la route de Beauvais à Gisors. On monte près de ce lieu sur un plateau qui présente la craie presque à nu dans une grande étendue, depuis Puiseux au N. O. jusqu'à Belle-Eglise au S. E. Ce plateau se prolonge ainsi jusqu'à Gisors. Toutes les collines qui entourent cette ville font voir la craie dans leurs escarpemens, et nous l'avons reconnue, soit par nous-mêmes, soit par des personnes dont les rapports méritent toute confiance, le long des bords de l'Epte jusqu'à Saint-Clair. La craie qui est au N. E. de Gisors étant très-relevée forme un plateau qui n'est recouvert que par de la terre végétale d'un rouge de rouille, et mêlée de silex. Celle qui est au S. O. et au S. de cette ville étant moins relevée est revêtue d'argile plastique et de bancs de calcaire grossier.

La craie se montre encore à l'Ouest et au N. O. de Beauvais, au-delà de Saint-Paul ; elle se prolonge sans aucun doute du côté de Saveignies, comme le prouvent les silex épars dans les champs ; mais elle est cachée par les couches épaisses d'argile plastique, tantôt presque pure, tantôt mêlée de sable, qu'on trouve abondamment dans ces cantons, et qu'on exploite depuis long-temps aux environs de Saint-Paul, du Pequet, de l'Héraulle (1), etc., pour la fabrication des grès de Saveignies et autres lieux.

Nous avons donné Mantes comme l'extrémité occi-

---

(1) Plus loin, au N. O. de Saveignies, c'est hors des limites de notre carte.

dentale de la ceinture de craie qui entoure Paris au nord de la Seine. En effet, presque tous les escarpemens des collines qui entourent cette ville sur l'une et l'autre rives, présentent la craie surmontée souvent de calcaire grossier, comme on le verra à l'article de cette formation. Nous n'énumérerons pas les points où la craie se présente, la carte le fait voir suffisamment (1). On remarque que cette disposition se continue ainsi jusqu'à la Roche-Guyon.

Il y a souvent de l'argile entre la craie et le calcaire grossier, comme Dolomieu l'a observé sur la rive droite de la Seine, dans l'angle rentrant que fait la Seine en face de Rolleboise. A la Roche-Guyon la craie est à nu, et elle se continue presque toujours ainsi jusqu'à Rouen. C'est ici que nous la quittons, parce que nous regardons ce point comme le bord du bassin de Paris, puisqu'au-delà on ne trouve plus les gypses qui se sont déposés dans ce bassin particulier.

La ceinture de craie du midi de la Seine est beaucoup moins distincte, et laisse de grandes lacunes. Nous en avons donné les raisons dans le premier chapitre. Nous allons cependant essayer de la suivre en allant de l'ouest à l'est.

On la retrouve sur la rive gauche de la Seine en face de Mantes, dans la vallée où est placé Mantes-la-Ville; on peut la suivre jusqu'à Vers; mais elle ne tarde pas à disparoître sous le calcaire siliceux qui se montre dans

---

(1) Nous tenons de M. de Roissy les renseignemens sur Mantes.

ce lieu pour ne plus la retrouver qu'à Houdan. On la voit à nu à la sortie de cette ville du côté de Dreux (1). Tous les coteaux élevés qui entourent cette dernière ville, offrent sur leur flanc la craie entrecoupée de bancs interrompus de silex. Tout le plateau compris entre Dreux et Houdan est de craie. La forêt de Dreux, le plateau d'Abondant qui se continue en une plaine immense, et parfaitement plane, sont de craie recouverte par l'argile plastique, le sable, et un agglomerat de silex dans une argile maigre, sablonneuse et rouge. Nous sommes descendus dans un puits creusé pour exploiter l'argile plastique, et nous avons reconnu la succession de couches suivante :

1. Agglomerat composé de fragmens de silex empâtés dans une terre argilo-sablonneuse, d'autant plus rouge qu'on s'approche davantage de la surface du sol.

2. Sable blanc ou gris, ou même verdâtre, selon les lieux où l'on creuse, composé de grains de quartz assez gros, d'un peu de mica, le tout foiblement agglutiné par un peu d'argile.

3. Argile plastique blanche, très-homogène, très-tenace, avec de grandes marbrures d'argile jaune de même nature. Elle renferme quelquefois des fragmens de craie.

4. Silex en fragmens et craie.

Ces couches n'ont aucune régularité dans leur épaisseur. On trouve dans la même plaine, et dans des points peu distans l'un de l'autre, l'argile, tantôt à 5 mètres, tantôt à 20 mètres et plus. Le banc d'argile varie lui-même d'épaisseur; et ces différences sont si subites, qu'il disparoît quelquefois presque entièrement dans les petites

(1) Ces lieux sont hors des limites de notre carte.

galeries de 2 ou 5 mètres que les ouvriers percent au fond des puits. La coupe que nous donnons peut servir à expliquer comment on peut concevoir la disposition de ce terrain et l'incertitude où est constamment le tireur d'argile de trouver cette matière au fond du puits qu'il creuse.

L'argile plastique se voit encore au sud d'Houdan, dans la vallée où se trouve le village de Condé. C'est au-dessous du sol même d'attérissement, qui constitue le fond de la vallée, que se montre l'argile; elle est grise; ses premières couches renferment souvent des cristaux de sélénite. Quoique nous ayions tout lieu de soupçonner que c'est encore ici l'argile plastique qui recouvre la craie, quoique les silex qu'on trouve sur la terre des environs indiquent que cette matière ne peut être éloignée, cependant nous n'avons pu avoir aucune certitude sur sa présence, et l'argile de Condé, mêlée de sélénite, a une apparence très-différente de celle d'Abondant. Il ne faut pas cependant la rapporter aux marnes du gypse.

En allant plus au sud, on entre dans les plaines sablonneuses de la Beauce; ces masses de sable couvrent la craie, et les cachent dans une grande étendue. Il faut aller assez loin, et toujours vers le sud, passer la Loire et les plaines de la Sologne pour la retrouver près de Salbris. Elle n'est pas encore ici précisément à la surface du sol, mais on la rencontre à si peu de profondeur qu'on doit ne faire aucune attention à la petite couche de sable et de terre de bruyère qui la recouvre. Quoique nous ne l'ayions vue que dans une très-petite étendue, elle y est bien caractérisé par les silex blonds, et surtout par les oursins qu'ils contiennent, et qui la distinguent essentiellement des marnes blanches avec lesquelles on pourroit quelquefois la confondre, lorsqu'on ne la voit point en grande masse. On peut dire qu'une fois retrouvée dans ce lieu, on ne la perd plus jusqu'à Montereau, qui a été le point d'où nous sommes partis pour tracer la ceinture de craie du bassin de Paris.

Nous l'avons suivie sans interruption depuis Neuvy, sur la rive droite de la Loire, jusqu'à Nemours (1). Ici elle se relève, et forme, sur le bord oriental de la route de Montargis à Nemours, des collines assez élevées, et souvent escarpées; on la voit encore près de Nanteau, à l'est, et du côté de Montereau, où on l'emploie pour marner les vignes. Cette craie est assez dure dans quelques endroits, et ses silex sont blonds; mais elle reprend ailleurs sa mollesse et ses silex noirs.

Nous venons de faire connoître les points principaux de la ceinture de craie qui entoure le bassin de Paris. La carte fera voir les autres.

Au-delà de cette ligne, tout est craie dans une grande étendue; mais, quelque large que soit cette étendue, on peut cependant la comparer à un anneau ou à une ceinture qui s'enfonce encore sous le calcaire grossier qu'on voit reparoître au-delà, comme à Caen, à Bar-sur-Aube, à Dijon, etc.

Une disposition assez remarquable tend à prouver que le terrain qui vient d'être décrit est en effet le bord d'une

---

(1) Au sud-est et hors de la carte.

espèce de bassin ou de golfe ; ce sont les cailloux roulés, souvent réunis en poudings très-durs, qu'on remarque sur plusieurs points de ce rebord, comme on les trouve sur les grèves des golfes encore occupés par la mer.

On les voit très-bien et en bancs immenses près de Nemours, et précisément entre la craie et le terrain de calcaire siliceux qui la suit.

On les revoit à Moret, près la pyramide ; ils y forment encore de très-beaux poudings.

Le terrain que l'on parcourt en allant de Beaumont-sur-Oise à Yvri-le-Temple, est entièrement composé de cailloux roulés répandus plus ou moins abondamment dans une terre argilo-sablonneuse rouge qui recouvre la craie. C'est encore ici un des bords du bassin de craie.

On les retrouve du côté de Mantes, entre Triel et cette ville, dans un vallon qui est nommé sur les cartes *la Vallée des Cailloux*.

Du côté d'Houdan, ils sont amoncelés sur le bord des champs en tas immenses : enfin la partie des plaines de la Sologne, que nous avons visitée, depuis Orléans jusqu'à Salbris, est composée d'un sable siliceux, brunâtre, mêlé d'une grande quantité de cailloux roulés de plusieurs espèces. Ici ce ne sont plus seulement des silex, il y a aussi des jaspes et des quartz de diverses couleurs. On remarquera que ce sol de rivage recouvre la craie presque immédiatement, comme on peut l'observer avant d'arriver à Salbris, etc., et qu'il est bien différent des sables du pays Chartrain, de la Beauce, etc. qui ne contiennent aucun caillou roulé.

Le fond de ce bassin de craie n'étoit pas partout uni ; il avoit, dans divers points, des protubérances qui percent les terrains dont il a été recouvert depuis, et qui forment, au milieu de ces terrains, comme des espèces d'îles de craie.

Le point le plus voisin de Paris où il se montre ainsi, c'est Meudon. La craie n'arrive pas tout-à-fait jusqu'à la surface du sol, mais elle n'est recouverte dans quelques endroits que d'une couche mince d'argile plastique. La partie supérieure de cette masse est comme brisée, et présente une espèce de brèche, dont les fragmens sont de craie et les intervalles d'argile. La partie la plus élevée de la masse de craie se voit au-dessus de la verrerie de Sèvres. Elle est à 15 mètres environ au-dessus de la Seine. Cette disposition relève toutes les couches qui la surmontent, et semble en même temps en diminuer l'épaisseur. On peut suivre ce promontoire de craie depuis la montée des Moulineaux, au bas de Meudon, jusqu'aux bases de la butte de Bellevue et dans Sèvres même ; les caves et les fondations de toutes les maisons bâties sur le chemin de Bellevue sont creusées dans la craie. Dans le parc de Saint-Cloud, les fondations du pavillon d'Italie sont placées sur ce terrain. Elle est dans cette étendue recouverte d'argile plastique, et surmontée de calcaire grossier.

La craie se relève également à Bougival près Marly, elle est presque à nu dans quelques points, n'étant recouverte que par des pierres calcaires d'un grain assez fin, mais en fragmens plus ou moins gros et disséminés dans un sable marneux, qui est presque pur vers le sommet de cette colline.

Au milieu de ces fragmens, on trouve des géodes d'un calcaire blanc-jaunâtre, compacte, à grain fin, avec des lames spathiques et de petites cavités tapissées de très-petits cristaux de chaux carbonatée. La pâte de ces géodes renferme une multitude de coquilles qui appartiennent à la formation du calcaire.

Parmi ces géodes, nous en avons trouvé une qui présentoit une vaste cavité tapissée de cristaux limpides, allongés et aigus, ayant plus de deux centimètres de longueur.

La division mécanique seule nous a appris que ces cristaux appartenoient à l'espèce de la strontiane sulfatée, et un examen plus attentif de leur forme nous a fait connoître qu'ils constituoient une variété nouvelle. M. Haüy, auquel nous l'avons communiquée, l'a nommée *strontiane sulfatée apotome*.

Ces cristaux offrent des prismes rhomboïdaux à quatre pans, dont les angles sont les mêmes que ceux du prisme des variétés unitaire, émoussée, etc., c'est-à-dire 77 degrés 2' et 102 degrés 58'. Ils sont terminés par des pyramides à quatre faces et très-aiguës. L'angle d'incidence des faces de chaque pyramide sur les pans adjacens est de 161 degrés 16'. Les faces sont produites par un décroissement par deux rangées à gauche et à droite de l'angle E de la molécule soustractive. C'est une loi qui n'avoit pas encore été reconnue dans les variétés de strontiane sulfatée étudiées jusqu'à ce jour. Son signe sera $\grave{E} \, E^2 \, {}^2E$.

Les cristaux des trontiane, observés jusqu'à présent aux

environs de Paris, sont extrêmement petits, et tapissent les parois de quelques-unes des géodes de strontiane qu'on trouve dans les marnes vertes de la formation gypseuse ; mais on n'en avoit point encore vu d'aussi volumineux et d'aussi nets.

En suivant cette ligne on voit encore la craie à Chavenay au N. O. de Versailles, à Mareil, à Maule et tout le long de la Mauldre presque jusqu'à la Seine. Elle se présente toujours de la même manière, mais nous n'avons pas retrouvé dans ces derniers lieux l'argile plastique qui la recouvre ordinairement.

Il paroît qu'elle s'enfonce davantage vers le nord de la ligne que nous venons de suivre, cependant on la retrouve encore à peu de profondeur au sud d'Auteuil, dans la plaine du point du jour (1). En perçant un terrain composé de sable rougeâtre et de cailloux roulés et qui a environ 5 mètres d'épaisseur, on trouve la craie immédiatement au-dessous sans qu'on puisse apercevoir aucun indice, ni de l'argile plastique, ni du calcaire marin qui la recouvre dans d'autres lieux.

Près de Ruel, il faut creuser plus profondément ; on y a percé des puits, dans l'espérance, fondée sur des prestiges rabdomanciques, de trouver de la houille. Ces puits, qui ont été jusqu'à 125 mètres au-dessous du niveau de la Seine, n'ont servi qu'à nous faire connoître que la craie existe sous ce sol d'attérissement et qu'elle y a une épaisseur considérable.

---

(1) M. Coupé en avoit fait mention. *Journal de Physique*, tome LXI, page 368.

Les autres points où se montre la craie sont trop peu importans ou trop rapprochés des limites du bassin pour que nous en fassions une mention particulière ; la carte les fera suffisamment connoître.

Quant à l'argile plastique, elle ne se fait voir nulle part à la surface du sol, mais on l'exploite dans tous les lieux où elle offre des couches peu profondes, pures et continues. Nous avons désigné presque tous ces lieux dans le premier chapitre ; nous n'y reviendrons dans celui-ci que pour en citer un ou où elle présente un fait qui nous paroît particulier.

C'est à Marly que nous avons fait cette observation. On y creuse dans ce moment (1810) des puits destinés à l'établissement d'une nouvelle machine hydraulique. Ces excavations nous ont offert des coupes de terrain régulières, nombreuses et profondes, et de précieux moyens d'étendre et de vérifier nos observations (1). Le fond du terrain est de la craie ; on voit, au-dessus du premier réservoir et immédiatement au-dessus de la craie, l'argile plastique, le sable et le calcaire marin sableux à chlorite granulée qui la recouvrent constamment. Cette argile très-grasse ne paroît renfermer aucune coquille, du moins nous n'en avons vu aucune dans ce point ; mais au fond du second puits, à 40 mètres de profondeur, on a trouvé une argile brune, sablonneuse, très-pyriteuse, qui contient une très-grande quantité de

---

(1) M. Bralle, ingénieur en chef des Ponts et Chaussées, et M. Rabeilleau, inspecteur des travaux, ont pris à nos recherches beaucoup d'intérêt, et nous ont donné avec beaucoup d'empressement toutes les facilités et les renseignemens que nous avons pu désirer.

coquilles bivalves et quelques coquilles turbinées. Toutes les coquilles que nous avons recueillies sont trop brisées pour que nous ayions pu les déterminer avec exactitude ; elles paroissent cependant appartenir au genre cythérée et ressemblent beaucoup au *Citherea nitidula.* Nous avons dit, *page* 15, que ce premier banc d'argile étoit toujours impur, sablonneux, même marneux, et séparé de la vraie argile plastique sans coquilles par un lit de sable.

3ᵉ FORMATION. — *Calcaire marin.*

LA formation du calcaire marin est beaucoup plus répandue aux environs de Paris, et partout beaucoup plus variée que celle de la craie. Elle présente, dans l'intérieur du vaste bassin de craie, dons nous venons d'indiquer les bords, un grand plateau sillonné par des vallons, et dont la superficie est, tantôt à nu et tantôt recouverte par des masses de gypse, ou par des nappes de sable.

La plus grande partie de ce plateau est placée sur le côté septentrional de la Seine, depuis l'Epte jusqu'à la Marne. Ce n'est pas qu'on ne trouve du calcaire marin au-delà de l'Epte ; mais nous n'en faisons pas mention, parce que cette rivière forme de ce côté les limites du terrein que nous avons étudié particulièrement. D'ailleurs, le calcaire ne se montre plus au-delà de cette ligne, que par lambeaux appliqués sur la craie, dont la masse très-relevée devient alors le terrein dominant. Ce que nous disons sur cette limite du calcaire doit s'appliquer à toute la ligne de circonscription que nous avons établie pour la partie septentrionale de la Seine et de la Marne.

Cette partie du plateau est sillonnée par deux vallées principales; celle de l'Oise et celle de l'Ourq. Dans la partie où nous les examinons, elles se dirigent toutes deux du N. E. au S. O.

Il ne paroît, entre Seine et Marne, que de très-petites parties de ce plateau, encore ne les voit-on qu'au confluent de ces deux rivières et sur la rive gauche de la Marne.

Sur le côté méridional de la Seine, le plateau calcaire ne présente qu'une zone qui n'a guère plus de 12,000 mètres de large, en partant des angles saillans de cette rivière. On peut voir que cette zone semble border la Seine, et qu'elle part de Meulan pour se terminer à Choisy.

On remarque, au milieu du grand plateau septentrional, une plaine à peu près elliptique, dont le grand diamètre s'étend depuis Frepillon près l'Oise, et en face de Pontoise, jusqu'à Claye près de la Marne : sa plus grande largeur est entre Louvres et le pied de Montmartre; le calcaire marin proprement dit ne se montre dans aucune partie de cette grande plaine : nous ne pouvons même pas dire s'il existe dessous ou s'il manque tout-à-fait : tout ce que nous savons, c'est qu'en creusant le Canal de l'Ourq dans la plaine de Saint-Denis, M. Girard a fait sonder partout à plusieurs mètres sans trouver de pierre calcaire, quoique la formation marine se fasse voir dans quelques cantons à très-peu de profondeur.

Ce n'est pas ici le lieu de décrire la nature de cette plaine, il nous suffit de faire remarquer que cette espèce de grande lacune, placée au milieu de notre plateau calcaire, est composée de terrein d'eau douce.

Ce que nous venons de dire, et mieux encore l'inspection de la carte, suffit pour donner une idée générale de la disposition géographique du calcaire marin aux environs de Paris. Nous allons reprendre cette formation, et faire connoître ce qu'elle offre de plus intéressant en suivant une marche analogue à celle que nous avons adoptée dans la description des terreins crayeux.

Nous subdiviserons ce grand plateau en plusieurs petits plateaux, auxquels nous donnerons même des noms particuliers. Mais nous devons prévenir que cette division est purement artificielle, et n'a d'autre objet que de rendre nos descriptions plus méthodiques et plus claires.

§. I. *Plateau de la Ferté-sous-Jouarre.*

Ce plateau calcaire, situé le plus à l'est de nos limites, est compris entre la vallée de la Marne et celle de l'Ourq. Il ne se montre guère que dans les escarpemens, il est recouvert dans les plaines basses par des terreins d'alluvions, et, sur les sommets des collines, il est caché ou par la formation gypseuse, ou par la formation des meulières, ou enfin par la formation d'eau douce.

Ce plateau calcaire est généralement mince et n'offre que dans un petit nombre de points des couches épaisses et exploitables. Il paroît que les meilleures pierres de taille sont prises dans les carrières de Changy. Nous n'avons pas visité ces carrières; mais nous avons vu, près de Trilport, les pierres qu'on en tire; elles sont très-coquillières, et appartiennent aux bancs intermédiaires, voisins de celui qu'on nomme roche, ou peut-être à ce banc même.

Les autres carrières exploitées sont: 1°. *celles de Varrède*, près Poincy, sur les bords de la Marne; la masse des bancs est de 7 à 8 mètres; les bancs inférieurs tendres et friables sont abandonnés, comme ils le sont presque toujours; 2°. *celle de Reselle;* 3°. *celle de Germiny-l'Évesque*, sur la Marne; la tour de Saint-Pharon, à Meaux, en est construite; 4°. enfin, *celle de Monthenard*, près Trilbardou. (1).

Sur les bords de ce plateau, à l'est et à l'ouest, la masse calcaire est encore plus mince, et les bancs de vrai calcaire marin coquillier qui restent pour caractériser la formation, sont mêlés de bancs de marnes calcaires, et même de marne argileuse. On y remarque aussi des lits et des rognons en masses puissantes de grès à coquilles marines et absolument semblables à celui de Triel. Nous avons observé cette disposition en sortant de la Ferté-sous-Jouarre, du côté de Tarteret, pour monter sur le plateau de meulière.

---

(1) Nous tenons ces renseignemens de M. Barigny, architecte de la cathédrale de Meaux.

§ II. *Plateau de Meaux.*

C'est celui qui est au-dessus de Meaux, au nord et à l'est de cette ville; il paroît avoir une structure analogue à celle du précédent, et en être même une continuation. Nous avons pu l'observer assez exactement, au moyen de la tranchée creusée, entre Fresne et Vilaine, pour le passage du canal de l'Ourq. Dans ce lieu, la formation du calcaire marin n'est représentée que par des lits, très-étendus, de grès gris coquillier, et par des couches minces de calcaire coquillier, situées au-dessous du grès; les coquilles y sont d'un blanc perlé, mais tellement brisées, qu'il n'est pas possible de les reconnoître. Ces masses ou bancs, de grès interrompus, sont quelquefois placés dans une couche épaisse d'un sable argilo-calcaire, au milieu de laquelle courent des lits minces de calcaire solide et fin, et qui reposent sur des lits de marne calcaire sableuse et de marne argileuse.

§ III. *Plateau de Crépy.*

En remontant vers le nord du côté de Villers-Cotteret, nous ne connoissons point de carrière de pierre calcaire avant Vaucienne : c'est-à-dire que, jusque là, la formation calcaire est trop recouverte, ou trop mince, pour mériter d'être exploitée.

En suivant la route de Paris à Villers-Cotteret, et immédiatement à la sortie de Nanteuil-le-Haudouin, on trouve, au-dessus d'une masse très-épaisse de grès dur sans coquilles, une couche mince d'un décimètre d'un calcaire sableux, renfermant dans sa moitié supérieure des coquilles marines très-variées. Le sol au-dessus de cette couche est de calcaire d'eau douce (1). On retrouve près de Levignan ces mêmes coquilles marines, et notamment des cérites au milieu du terreau végétal qui recouvre les grès. Il paroît que cette couche marine, située immédiatement au-dessus des grès sans coquilles, appartient à la seconde formation des grès marins, décrite dans le premier chapitre, § VIII.

Après avoir traversé Gondreville et des collines de grès assez élevées, et au moment de descendre dans la vallée de Vauciennes, on trouve encore sur le sommet de la colline des grès en blocs peu volumineux, qui sont coquilliers; ils renferment principalement des cérites, mais on doit remarquer que nous n'avons pu apercevoir aucune coquille dans les bancs du grès inférieur à celui qui est coquillier; c'est une preuve que le grès supérieur appartient à la seconde formation marine, car on sait que ce grès marin repose constamment sur un banc plus ou moins épais de sable ou de grès sans coquilles, qui constitue la septième formation.

En descendant dans la vallée on arrive au calcaire en gros bancs qui compose le sol à une grande profondeur

---

(1) Nous y avons reconnu les espèces suivantes qui marquent le rapprochement des deux terrains :
    Oliva Mitreola.
    Cerithium lamellosum.
    Bulimus, ou *melania ?* le même qu'à Pierrelaie, et qu'à Ezainville près d'Écouen.
    Citherea elegans.

et sur une grande étendue. On en voit très-loin la coupe sur les bords escarpés de la vallée où coule la petite rivière d'Autonne, qui se jette dans l'Oise : comme la route creusée dans ces coteaux a coupé les bancs, il est facile d'en remarquer la succession et de voir qu'ils suivent l'ordre que nous avons indiqué dans le premier chapitre (1).

Il paroît que le sable verdâtre se trouve sous le calcaire tout le long de la vallée de l'Autonne jusqu'à Verberie, où nous l'avons retrouvé en allant à Compiégne. La pré-

---

(1) On remarque en allant de haut en bas la succession de bancs suivante :

1°. Calcaire coquillier, dur, renfermant :
    Des *Miliolites*.
    Turritella imbricata.
    Pectunculus.
    Citherea elegans.
    Cardium obliquum.
    Orbitolites plana, etc.

2°. Calcaire composé d'un si grand nombre de coquilles qu'il ne paroît pas y avoir de pâte. Il est peu dur, et quelques-unes des coquilles y ont conservé leur nacre. Nous y avons déterminé les espèces suivantes :
    Voluta cithara.
    Ampullaria patula.
    Turritella multisulcata.
    Cardium porulosum,
    Citherea nitidula,
    Lucina lamellosa, etc.

3°. Calcaire composé de nummulites, réunies assez solidement, et renfermant de la chlorite en grains.

4°. Bancs composés de sable à gros grains, et même de petits cailloux roulés de *nummulites lævigata* et des mêmes espèces que celles du n°. 2, et en outre de caryophillites simples et coniques de la première grandeur, etc.

5°. Banc de sable verdâtre assez fin.

sence de ce sable et des nummulites nous faisoit soupçonner que la craie ne devoit pas être loin, et en effet elle se rencontre à une petite profondeur dans toutes les parties un peu élevées de la plaine sur laquelle est situé le bord occidental de la forêt de Compiégne. Le calcaire compose toutes les hauteurs qui environnent cette forêt, à l'exception de la côte de Marigny où la craie est à nu, c'est-à-dire sans le chapeau de calcaire qui la recouvre souvent.

Le mont Ganelon, au N. de Compiégne, et sur la rive droite de l'Oise, quoiqu'à la suite de la côte de Marigny, et à peu près de la même élévation qu'elle, en est cependant séparé par un vallon; il est entièrement calcaire, et présente dans ses couches une disposition semblable à celle des couches de Vaucienne; sa base consiste en un banc de sable très-épais, mêlé de rognons de marne comme à Verberie, et interrompu par des lits de *nummulites lævigata.* Lam. Il renferme dans sa partie moyenne de la chlorite.

Plus haut on trouve toujours les nummulites, mais en bancs mêlés d'autres coquilles qui ont conservé la plupart leur couleur nacrée (1). Ce banc très-dur est exploité en moellon, dont la surface noircit à l'air d'une manière assez remarquable. Enfin, en examinant un petit mamelon qui paroît plus élevé que le reste de la mon-

---

(1) Ces coquilles sont tellement brisées et engagées dans la pierre, qui est généralement fort dure, que nous n'avons guère pu y reconnoître que des *anomies*.

tagne,

tagne, on le trouve composé de calcaire grossier ordinaire, renfermant des *cardium obliquum*, etc.

§ IV. *Plateau de Senlis.*

Le grand plateau calcaire qui porte Pont-Ste-Maxence, Creil, Senlis, la forêt de Chantilly, la forêt de Hallatte, etc. ne présente rien de particulier. Nous ferons seulement remarquer, 1°. que les lits moyens qui donnent la belle pierre de Sainte-Maxence, sont plus épais dans ce lieu que dans ceux dont nous avons fait mention; 2°. qu'on trouve le grès marin du calcaire dans la forêt de Pontarmé, sur le bord du plateau; 3° que sur le bord méridional de ce plateau on retrouve, comme sur son bord septentrional, l'espèce de poudding qui forme ses couches inférieures, et qui est composé de sable quartzeux à gros grains, de coquilles nacrées et de nummulites (1) : on voit principalement ce poudding en sortant de la forêt de Chantilly, du côté de la Morlaye, et au-dessous est une masse considérable de sable renfermant, comme à Vaucienne et à Verberie, de la chlorite.

---

(1) Nos échantillons renferment les espèces suivantes:
    Nummulites laevigata ?
    Venus texta.
    Lucina lamellosa.
    Caryophillite simple conique de 2 centimètres de longueur; c'est la grande espèce des environs de Paris, fig. 1.
    Cardium obliquum.
    — *calcitrapoides.*
    etc., etc.

Quoique, par la disposition du terrain, ce plateau semble être terminé par la vallée où coule la Thève, et dont la largeur s'étend depuis la Morlaye jusqu'à Chaumontel, on retrouve cependant absolument les mêmes couches calcaires dans le cap qui porte Luzarche. Ce n'est pas précisément à Luzarche que nous nous sommes assurés de cette structure, mais à la montée qui est au sud du petit vallon de Chauvigny.

L'isthme calcaire qui porte Luzarche, et qui s'étend vers l'Oise, est un appendice du petit plateau qui s'étend à l'est jusqu'à Louvres, et qui s'y termine. Il n'est lui-même qu'une dépendance du grand plateau que nous venons de décrire, quoiqu'il en paroisse assez distinctement séparé par la vallée de la Thève, et par l'alluvion étendue qui en a nivelé le sol.

On trouve sur ce petit plateau le grès gris à coquilles marines, dans lequel on voit des empreintes du *cerithium serratum*, etc., et un calcaire sableux, friable, qui semble renfermer au premier aspect presque autant de coquilles que celui de Grignon. Le grès est situé près de Louvres, et visible dans le vallon qui est à l'ouest de ce bourg. Le calcaire se trouve à Guespelle, presque à la surface du sol; il renferme un grand nombre d'espèces qui sont presque toutes semblables à celles qu'on trouve à Grignon. Cependant on doit remarquer qu'on trouve à Guespelle beaucoup de cérites, et peu d'orbitolites; que ce lieu manque de la plupart des espèces communes dans les couches inférieures du calcaire; qu'il n'y a point de chlorite; et qu'enfin cette couche a, par la présence de son sable siliceux et par la nature des espèces de coquilles qu'il renferme, encore plus de rapport avec la couche de Pierrelaie, c'est-à-dire avec les assises supérieures du calcaire marin, qu'avec celles de Grignon qui appartiennent aux couches moyennes et inférieures. Cette analogie est telle, que l'énumération que nous avons donnée des coquilles de Pierrelaie, chap. I, art. III, peut convenir parfaitement à celles de Guespelle.

La formation calcaire de ce petit plateau est généralement mince, aussi n'exploite-t-on des pierres à bâtir que près de Louvres; dans ce lieu où la formation est plus épaisse, on trouve les marnes calcaires qui la recouvrent ordinairement, et les géodes de marne dure, infiltrée de calcaire, qu'elles renferment souvent. Ici et près de Luzarche, la formation est entière; mais de Guespelle jusqu'aux alluvions de la Thève, les couches intermédiaires manquent. Ce qui paroît le prouver, c'est qu'il n'y a plus d'exploitation; les pierres à bâtir viennent de Comelle et de Montgresin, de l'autre côté de la Thève. Or, on sait, d'après ce que nous avons dit, que les pierres employées à bâtir appartiennent aux couches intermédiaires de la formation.

§ V. *Plateau d'entre Seine et Oise.*

Nous placerons une extrémité de ce plateau à Beaumont-sur-Oise, et l'autre à Argenteuil. Il forme une bande presque demi-circulaire, qui borde à l'ouest le bassin de terrain d'eau douce dont nous avons parlé plus haut. Nous avons cherché à saisir le point de contact de ces deux terrains, et nous les avons examinés avec attention : 1°. du côté de la pointe occidentale de la longue colline gypseuse et sablonneuse de Montmorency, c'est-à-dire en allant de Frepillon à Méry et à Villiers-Adam; 2°. de Moisselles à Beaumont-sur-Oise.

Dans le premier lieu, nous n'avons pu saisir clairement la superposition de ces terrains, ni nous assurer si le calcaire marin passe sous le gypse et sous le terrain d'eau douce de ce canton, comme cela paroît probable, ou s'il se termine à la ligne où commence la vaste plaine d'eau douce de Gonesse, etc. De ce terrain, on passe sur le sol de sable et de grès des bois de Villiers-Adam, et de là sur les masses de calcaire qui bordent les deux rives de l'Oise et celles des petits vallons qui y aboutissent. Ces bords sont presque tous escarpés, ce qui permet d'observer les couches qui composent cette formation. Nous n'y avons rien remarqué qui ne tende à confirmer ce que nous avons déjà dit de leur disposition générale. On exploite à l'abbaye du Val de belles pierres de taille.

Il nous a été plus facile de reconnoître la position du calcaire marin sous le terrain d'eau douce de la plaine, dans le second lieu, c'est-à-dire aux approches de Beaumont-sur-Oise.

Après Maffliers, on commence à descendre vers la vallée de l'Oise. Cette première descente déjà très-rapide fait voir la coupe de ce terrain; on y reconnoît :

1°. Le calcaire d'eau douce en fragmens bouleversés;
2°. Un lit mince de marne d'eau douce feuilletée, appliqué tantôt

sur un lit mince de calcaire friable, rougeâtre, renfermant un assez grand nombre de coquilles marines mal conservées, tantôt sur le grès même ou sur le sable;

3°. Un grès dur en assises assez épaisses, ne renfermant pas de coquilles;

4°. Le calcaire marin dont les assises supérieures sont dures, siliceuses, et renferment les coquilles marines qui appartiennent à ces assises et notamment des cérites;

A la seconde descente qui mène à Presle, on trouve la suite des couches de la formation marine; savoir :

5°. Le calcaire marin homogène, mais tendre, en assises épaisses;

6°. Un sable calcaire jaunâtre, mêlé de chlorite, et renfermant des rognons très-durs souvent très-gros, formant des bancs interrompus, mais horizontaux, et composés d'un calcaire sableux à grains de chlorite, agglutinés par un ciment spathique, et ressemblant à un porphire à petits grains.

Ce sable calcaire, qui est la partie inférieure de la formation du calcaire grossier, est ici d'une épaisseur immense. Il forme tous les coteaux des environs de Beaumont. La forêt de Carneille est placée sur ce sable; on remarque partout des rognons durs, souvent en partie composés de grains très-gros de sable quartzeux, en sorte qu'ils passent aux pouddings à petits grains.

7°. Enfin la craie dont le voisinage étoit annoncé par ces diverses roches, paroît dans un espace très-circonscrit à l'Est de Beaumont. Nous n'avons vu aucun fossile dans le sable à chlorite.

Du côté de Pontoise, le calcaire exploitable finit à Pierrelaie, comme on peut le voir sur notre carte.

A Conflans-Sainte-Honorine, la bande calcaire apparente est très-étroite, mais elle n'en est pas moins épaisse; elle renferme des carrières nombreuses qui donnent de très-belles pierres de taille. Cette bande s'étend depuis Conflans jusqu'à Sartrouville, en bordant la rive droite de la Seine de coteaux escarpés qui la serrent de très-près dans quelques points, et qui descendent même jusque dans son lit.

Le cap qui porte Montesson, Carrière-St.-Denis, etc. est entièrement calcaire, et présente quelques particularités assez intéressantes. Nous avons suivi cette masse calcaire jusqu'au pied de la montagne gypseuse de Sanois.

Les carrières de l'extrémité de ce cap font voir dans leur partie supérieure 22 lits très-distincts de marne calcaire dans lesquelles on n'aperçoit aucune coquille fossile. Les coquilles ne commencent à paroître qu'au 23ᵉ lit, ce sont principalement des cérites et des *corbula striata* qui les accompagnent souvent.

On trouve du côté de Houille, dans les bancs calcaires qui dépendent de l'exploitation de Carrière-Saint-Denis, et au milieu des marnes supérieures, un lit de quartz blanc carié, dont les cavités sont tapissées de petits cristaux de quartz prismé bisalterne et de chaux carbonatée inverse. Ce banc ressemble entièrement à celui qu'on connoît depuis long-temps dans les carrières de Neuilly, et nous soupçonnons qu'il pourra servir à caractériser les derniers dépôts de la formation calcaire ; car si on ne le retrouve pas avec la même pureté dans les carrières de Meudon, de Sèvres, de Saint-Cloud, etc., il paroît y être représenté par un lit de sable blanc, quelquefois agglutiné en une espèce de grès luisant ou de silex corné qui forme des noyaux sphéroïdaux au milieu de ce lit. Les bancs intermédiaires de Carrière-Saint-Denis sont les seuls qui soient exploités; les bancs inférieurs sont friables, et renferment, comme à l'ordinaire, de la chlorite et de grandes coquilles d'espèces très-variées.

Cette masse calcaire offre deux autres particularités ; 1°. l'escarpement du bord oriental de ce plateau fait voir, à une hauteur de plus de 25 mètres au-dessus du niveau actuel de la rivière, de larges sillons longitudinaux arrondis dans leur fond, et qui ne peuvent point être considérés comme l'effet de la décomposition d'un banc plus tendre que les autres. Ils offrent tous les caractères d'érosions produites par un ancien et puissant courant ; 2°. on voit dans toutes ces carrières des coupes de puits naturels assez exactement cylindriques, qui percent toutes les couches, et qui sont actuellement remplis d'argile ferrugineuse et de silex roulés et brisés.

Ce plateau, que nous avons comparé à un demi-cercle, porte dans son milieu une plaine assez élevée, où sont situés les bois de Pierrelaie, les villages de Margency, Soissy, Deuil, Saint-Gratien, etc. Elle est bordée au S. O. par les coteaux de Cormeil et de Sanois, et au N. E. par celui de la forêt de Montmorency. Cette plaine forme ce que l'on nomme la *vallée de Montmorency*, espèce de grande vallée, sans col, sans rivière dans son milieu, enfin très-différente des vraies vallées des pays de montagnes ; mais si elle en diffère par sa forme, elle en est aussi très-différente par sa structure géologique ; le fond et les deux extrémités de cette espèce de vallée sont d'une autre nature que ses bords. Ce sont deux collines gypseuses qui forment ceux-ci, tandis que le fond de la vallée a pour sol le terrain d'eau douce et les couches supérieures du plateau de calcaire marin que nous décrivons. En effet, de quelque point qu'on arrive dans cette vallée, soit de Louvres, soit de Pontoise, soit d'Herblay, ou de tout autre bord du plateau calcaire, il faut monter et s'élever au-dessus des dernières assises de ce plateau. Le terrain qui constitue le sol de cette vallée n'a été entamé que dans peu de points, et encore très-peu profondément. Cependant on peut en connoître les premières couches en les examinant dans les carrières de grès de Beauchamp, situées dans les bois de Pierrelaie, entre ce village et Franconville.

On remarque les couches suivantes au-dessous de la terre végétale :

    1°. Fragmens de marne d'eau douce compacte et dure dans un sable calcaire. Il y a aussi des fragmens de silex corné semblable à celui qu'on voit dans les gypses ; environ . . . . 0,2 mètres.

    2°. Sable verdâtre agglutiné, renfermant un grand nombre de petites coquilles turbinées du genre des mélanies (1) ou d'un genre très-voisin. Il est comme divisé en deux assises 0,15

    3°. Sable fin, blanc, renfermant les mêmes mélanies que le banc précédent, plus des limnées et des cyclostomes très-bien conservés (2), et quelquefois un lit mince de pierre calcaire sableuse, rempli de ces petites mélanies 0,60

    4°. Grès dur, même luisant, renfermant une immense quantité de coquilles marines très-bien conservées, et disposées généralement par lits horizontaux (3). On y remarque en outre, mais très-rarement

---

(1) *Melania hordacea ?* Lm.

(2) Ces coquilles, non marines, ont été décrites par l'un de nous. *Ann. du Mus. d'Hist. Nat.* tome XV, page 357, sous les noms suivans :

    Cyclostoma mumia. Lm.
    Limneus acuminatus. Br.
    — *Ovum.* Br.

(3) Nous avons reconnu parmi ces coquilles les espèces suivantes :

très-rarement, quelques limnées absolument semblables à ceux du sable précédent. Ces bancs sont quelquefois au nombre de deux, séparés par une couche de sable contenant une prodigieuse quantité de coquilles marines.

Il y a ici un fait fort singulier, et dont la première observation est due à M. Beudan. C'est le mélange réel des coquilles d'eau douce avec les coquilles marines. Nous devons faire remarquer, 1°. que ce mélange a lieu dans un sol marin, et non dans un calcaire ou silex d'eau douce, constituant ce que nous appelons proprement *terrain d'eau douce*; 2°. que ce singulier mélange s'offre dans un terrain marin meuble, et pour ainsi dire d'alluvion, placé immédiatement au-dessous du calcaire d'eau douce bien caractérisé; 3°. que nous croyons en avoir aperçu des indications dans quelques autres points des environs de Paris (1), mais qu'il n'a jamais lieu que dans les derniers lits, c'est-à-dire dans les lits les plus

Cerithium coronatum.
— *mutabile.*
Oliva Laumontiana.
Ampullaria spirata.
Cardium Lima.
Cytherea elegans ?
— *tellinaria ?*
Nucula deltoïdea ?
Venericardia imbricata.
Venus callosa.
Ostrea. Deux espèces non déterminées.

(1) Dans les couches supérieures des marnes calcaires de Meudon et de Saint-Maur; c'est encore peu clair, parce qu'on n'y voit que des coquilles *semblables à des planorbes*, mais point de limnées.

superficiels du calcaire marin, et que s'il y a réellement dans ces lits marneux des coquilles d'eau douce, elles y sont extrêmement rares, tandis que les coquilles marines, qui ne sont guère que des cérites et des *cardium obliquum*, y sont au contraire très-abondantes.

La plaine qui est au pied du penchant septentrional du coteau de Montmorency, et qui forme encore une sorte de large vallée sans eau, bordée au nord par les coteaux gypseux de Luzarche, Mareil, etc. présente une structure absolument semblable à celle de la vallée de Montmorency. On y rencontre partout à sa surface, c'est-à-dire depuis Ecouen jusqu'à la grande descente qui est presque vis-à-vis de Maflier, au-delà de Moisselles, le calcaire d'eau douce généralement blanc compacte, assez dur, quoique facilement destructible à l'air. Ce calcaire recouvre immédiatement le grès marin, souvent coquillier vers sa surface supérieure, souvent mêlé de calcaire, et quelquefois même entièrement remplacé par du calcaire marin en couches très-minces. C'est presque au pied de la butte d'Ecouen, à l'ouest, et au nord-ouest de cette butte, et surtout près d'Ezanville, que se voit le mieux la disposition du grès à coquilles marines entre le calcaire d'eau douce et le grès sans coquilles. Les coquilles que renferme ce petit banc de grès, sont presque toutes semblables pour les espèces, et même pour le mode de conservation à celles du grès de Pierrelaie, etc. On y remarque surtout en quantité prodigieuse cette petite mélanie que nous avons déjà mentionnée sous le nom de *melania hordacea*.

§ VI. *Plateau de Marine.*

Ce vaste plateau est terminé au nord, à l'ouest et au sud par des collines de craie, il porte dans plusieurs endroits ou des masses de sable ou des masses de gypse, surmontées de sable et de terrain d'eau douce.

Il est assez élevé au-dessus du lit des rivières qui le bordent, telles que l'Oise, la Seine, l'Epte et le Troëne. Quand on est sur ce plateau on ne monte plus d'une manière remarquable que pour passer par dessus les collines de sable et de gypse qui le surmontent, telles que celles de Grisy, de Marine, de Sérans, du Mont-Javoux, de Triel, etc., et on ne descend que pour traverser les lits des rivières qui le sillonnent; alors on voit les couches épaisses qui composent cette puissante masse calcaire, comme à Char; ou même la craie qui la supporte, comme à Gisors, à Saint-Clair, à Magny, à Mantes et à Jusier. Au reste la carte indique très-clairement cette disposition.

Nous examinerons d'abord la partie septentrionale en suivant la route de Pontoise à Gisors, et la vallée du Troëne.

Avant de monter à Cormeille, on trouve dans une cavité creusée à la surface du plateau calcaire une couche mince de quartz caverneux semblable à celui de Neuilly et à celui que nous avons trouvé dans la plaine des Sablons et près de Houille. Nous devons faire remarquer de nouveau la régularité de ces formations jusque dans les moindres couches; ce quartz est très certainement le caractère des derniers lits de la formation calcaire, puisque nous l'avons vu assez constamment dans les lieux où le voisinage du gypse semble indiquer que cette formation est complète.

Ainsi celui qu'on trouve dans la plaine des Sablons est au pied de Montmartre, celui d'entre Houille et carrières Saint-Denis est presque au pied de la montagne de Sanois, celui de Neuilly est au pied du Mont-Valérien, et celui de Cormeille est aussi au pied d'une montagne gypseuse.

Près de Lattainville, un peu avant de descendre à Gisors et d'arriver à la craie qui se montre dans la vallée de l'Epte, on trouve des coquilles fossiles entièrement analogues à celles de Grignon. Ce lit est, comme nous l'avons déjà dit plusieurs fois, le caractère des couches inférieures de la formation calcaire.

On le retrouve encore:

1°. Au Mont-Ouen, à l'est de Gisors; il est placé sur un lit de sable calcaire renfermant des nummulites qui sont toujours inférieures aux coquilles de Grignon; au-dessus et vers le sommet de cette butte se voient des cérites;

2°. Sur la pente méridionale de la vallée du Troëne à Lallery et à Liancourt près Chaumont. Le banc est ici épais et riche en espèces extrêmement variées, aussi ce lieu célèbre parmi les amateurs des coquilles fossiles mérite-t-il quelques détails.

En montant à Liancourt on trouve,

1°. Un banc de sable qui renferme une grande quantité de petites nummulites (*nummulites lenticularia*);

2°. Un autre banc de sable renfermant de plus grosses nummulites (*nummulites lævigata*) et des blocs de calcaire sablonneux rempli de chlorite ;

3°. Une couche de 2 mètres d'épaisseur environ, renfermant une immense quantité de coquilles. On y remarque plus de bivalves que d'univalves. Les coquilles qui nous ont paru particulières à ce lieu, sont: un *Cerithium*, voisin du *vertagus*.

Turritella terebellata, en quantité considérable.
Une autre turritelle voisine de l'*imbricataria*.
Crassatella sulcata.
Venericardia planicosta.
Lunulites. Fig. 9.
Turbinolite (genre formé d'une division des caryophyllites).

4°. Des bancs assez épais de calcaire tendre, et renfermant des miliolites. On le connoît sous le nom de *lambourde*.

5°. Des bancs d'un calcaire en plaques minces, et souvent brisées. Nous n'y avons pas vu de coquilles.

Cette disposition est toujours la même sur le coteau jusqu'à Gisors ; mais le lieu où les coquilles fossiles se voient le mieux, et où il est le plus facile d'obtenir ces coquilles entières, c'est sur le bord coupé à pic du chemin qui monte de la vallée pour aller gagner la grande route de Chaumont à Pontoise, au hameau de Vivray.

La partie méridionale du plateau de marine offre quelques particularités dans la disposition des couches de la formation calcaire. En sortant de Poissy, on traverse un terrain d'alluvion très-étendu, après lequel on arrive au cap méridional du plateau calcaire, d'où on extrait du moellon. En suivant la route de Paris à Triel, on trouve à droite du chemin une carrière dans laquelle M. de Roissy qui nous accompagnoit, nous fit remarquer des puits naturels semblables à ceux dont nous avons fait mention plus haut, en parlant du plateau d'entre Seine-et-Oise.

Ces puits verticaux, à parois assez unies, et comme usées par le frottement d'un torrent, ont environ cinq décimètres de diamètre ; ils sont remplis d'une argile sablonneuse et ferrugineuse et de cailloux siliceux roulés. Mais ce qu'ils offrent de plus remarquable que les premiers, c'est qu'ils ne percent pas les couches supérieures; ils commencent tous au même niveau. On doit conclure naturellement de cette disposition que ces puits avoient été ouverts et étoient déjà remplis lorsque les couches calcaires supérieures ont été déposées. Cette observation, jointe à celles que nous avons faites sur les différences qui existent constamment entre les coquilles fossiles des principaux systèmes de lits calcaires, concourt à nous prouver que les couches calcaires ont été déposées à des époques assez éloignées les unes des autres : car il paroît évident qu'il a fallu que les couches inférieures fussent toutes déposées, que les puits eussent été creusés par la cause inconnue qui les a formés et qui a dû agir pendant un certain temps pour unir leur parois comme elles le sont; il a fallu ensuite qu'ils aient été remplis par les argiles ferrugineuses, les sables et les cailloux, avant que les couches calcaires qui les ont fermés, se soient déposées: ces opérations ont dû nécessairement se succéder, et leur succession suppose un temps assez considérable. Mais nous n'avons aucune donnée qui puisse nous faire évaluer ce temps, même par approximation.

Ces puits sont d'ailleurs assez communs dans le calcaire marin. Nous ne les décrivons pas tous, parce qu'ils ne sont pas tous aussi remarquables que ceux-ci : mais il y a peu de carrières qui n'en présentent; ils ne sont pas toujours verticaux. Nous en connoissons un dans les carrières de Sèvres, qui ressemble à un long canal oblique, à parois unies, mais sillonnées par un courant; il est rempli de sable quartzeux. Il y en a un assez grand nombre dans les carrières dites *du Loup*, dans la plaine de Nanterre; et tous sont remplis d'un mélange de cailloux siliceux et calcaires dans un sable argilo-ferrugineux.

Le long de la côte, entre Triel et Meulan, la formation calcaire est très-épaisse, et le coteau lui-même très-élevé, présente deux sortes d'exploitations de carrières placées immédiatement l'une au-dessus de l'autre, le calcaire en bas et le plâtre en haut. Ici la formation calcaire présente quelques particularités que nous n'avons pas vues ailleurs. Premièrement les couches y sont inclinées dans quelques endroits, notamment à la sortie de Triel; mais cette inclinaison n'a aucune régularité. Il paroît cependant que toute la masse va un peu en montant du côté de Meulan, et que les bancs qui sont au tiers inférieurs de la côte, se relèvent du côté de la rivière. Ces bancs présentent des sillons longitudinaux, arrondis dans leur fond, et qui semblent avoir été creusés par un courant, ils sont en tout semblables à ceux que nous avons observés près de Houille (1); ces érosions se représentent

---

(1) Nous connoissons les objections faites par M. de Luc contre une origine semblable attribuée par de Saussure à des érosions qu'il avoit remarquées dans le Salève; ces objections qui peuvent être fondées dans le cas rapporté par M. de Luc, ne nous paroissent pas applicables à celui-ci.

encore sur les rochers calcaires du mamelon d'Issoud, entre Meulan et Mantes, et se continuent jusque vis-à-vis Rolleboise. En second lieu on remarque vers le milieu de la formation calcaire des bancs puissans de sable siliceux, tantôt presque pur, tantôt mêlé de calcaire, mais renfermant toujours des coquilles plus ou moins nombreuses, et changées en calcaire blanc; elles sont très-bien conservées, d'espèces assez variées et analogues la plupart à celles de Grignon. Ce sable est quelquefois friable, comme on l'observe immédiatement à la sortie de Triel; mais plus souvent il est agglutiné en grès, tantôt tendre, blanc et opaque, tantôt dur, luisant, gris et translucide. Ces deux sortes sont mêlées dans la même couche. On prend la plus dure pour paver la route. Toute la côte, jusqu'aux deux tiers de sa hauteur, présente ces bancs de grès coquillier alternant avec des marnes calcaires ou avec du calcaire assez solide, et qui paroît moins coquillier que ce grès. Il ne faut pas confondre ce grès, 1°. avec ceux qu'on trouve près du sommet de la côte, ceux-ci recouvrent le penchant de la colline, ils ne font point partie de la formation calcaire, et ne renferment aucune coquille; 2°. ni avec les grès à coquilles marines qui recouvrent quelquefois les montagnes de gypse, comme à Montmartre, etc. Les grès coquilliers de Triel sont bien certainement au-dessous du gypse et au milieu de la formation calcaire, et ont les plus grands rapports de structure, de formation, de position et même de hauteur avec ceux de Pierrelaye, d'Ezanville, de Louvres, de Moiselles, etc.

Au

Au nord-est de Meulan, à la naissance du joli vallon de Sagy, sont les carrières célèbres de Saillancourt, exploitées pour le compte du Gouvernement et pour l'usage particulier des ponts et chaussées.

Le calcaire marin présente dans ce lieu un aspect un peu différent de celui qu'il offre dans les environs de Paris. C'est une masse sans assises distinctes, laissant voir seulement quelques lignes sinueuses à peu-près horizontales, mais dont les sinuosités ne sont pas même parallèles.

Cette masse calcaire a environ dix-huit mètres d'épaisseur depuis le point le plus élevé jusqu'au lit de sable sur lequel repose le dernier banc. Elle peut être divisée en deux parties.

La partie supérieure, nommée *décomble* par les ouvriers, a dans sa plus grande épaisseur douze mètres cinq décimètres; le calcaire qui la compose est blanc, tendre, même friable, et ne peut guère, par ces raisons, être employé dans les constructions. Elle renferme les coquilles fossiles des couches moyennes du calcaire des environs de Paris, mais ces coquilles sont tellement brisées qu'on ne peut guère en distinguer quelques-unes que dans la partie inférieure de la masse. On y reconnoît quelques cérites, trop altérées pour qu'on puisse en déterminer les espèces, des empreintes du *Citherea nitidula*, le *Nucula margaritacea*, le *Cardita avicularia*, des *Orbitolites plana*. Les parties moyennes de cette masse supérieure présentent, comme à Châtillon, à Saint-Nom, etc. des empreintes de feuilles très-bien conservées, et de la même espèce que celles des lieux que nous venons de nommer.

On ne voit donc dans cette masse ni marnes argilleuses, ni marnes calcaires fragmentaires, ni chlorite pulvérulente, excepté dans quelques veines de sa partie inférieure, et encore y est-elle fort rare.

La partie inférieure est composée comme celle que nous venons de décrire, et peut-être même plus évidemment qu'elle, d'une masse continue de calcaire généralement jaunâtre, et formé de grains assez gros, mais solidement agglutinés.

Ces grains sont de toute nature ; on y voit un grand nombre de débris de coquilles, des coquilles entières, du sable siliceux et du sable calcaire ; ce dernier semble formé de débris de coquilles enveloppés de plusieurs couches concentriques de calcaire, et de petits corps ovoïdes, que nous n'avons pu déterminer, et qui ressemblent par leur structure à de petites dragées. On y voit aussi beaucoup de grains de chlorite. On trouve dans certaines parties de cette masse des amas de grosses coquilles, ayant quelquefois conservé leur brillant nacré, et absolument semblables à celles des assises à chlorite terreuse de Meudon, de Bougival, etc. Mais ce qu'on y trouve de plus que dans ces derniers lieux ce sont de grands oursins du genre des Cassidules (1). Les orbitolites

---

(1) Ces oursins fortement engagés dans la pierre sont difficiles à déterminer; mais on en voit assez pour s'assurer qu'ils sont très-différens de l'*ananchites ovatus*, et du *spatangus oer-anguinum* de la craie, puisqu'ils ont *la bouche inférieure et centrale et les ambulacres bornés*. Ils appartiennent donc même à un autre genre et nous paroissent pouvoir être rapportés aux cassidules ou aux clypeastres de M. de Lamarck.

se continuent jusque dans les derniers bancs, qui contiennent, comme fossile caractéristique, des turbinolites. (Fig. 2.)

Quoiqu'il n'y ait point d'assises réelles et distinctes, on y reconnoît cependant des lits de pierre qui diffèrent entre eux par leur couleur, par leur solidité, par la grosseur des grains qui les composent, et même par la nature des fossiles qu'ils renferment. On remarque que, quand on enlève de grandes parties de ces lits, les blocs, en se détachant, indiquent plutôt une stratification oblique qu'une stratification horizontale.

On peut reconnoître, avec les ouvriers, trois qualités de pierre différente dans cette masse inférieure.

1°. *Le banc rouge*, qui est le plus élevé et d'une couleur ocracée. Il est composé de grains très-gros, d'espèces de pisolittes, et renferme principalement des oursins mentionnés plus haut. Il ne contient que rarement des grains de chlorite. Il n'est point continu, et disparoît entièrement dans quelques endroits. Il n'est ni assez solide ni assez durable pour être employé dans les constructions.

2°. *Le banc* que nous appellerons *jaune*, c'est le plus épais. Il est jaunâtre, et généralement composé de grains assez fins et assez solidement agglutinés par un ciment spathique; il renferme beaucoup de chlorite granulée. Son grain devient d'autant plus fin et plus serré, et ce banc est d'autant plus dur qu'on s'enfonce davantage. Sa partie supérieure est même rebutée, parce que la texture en est trop lâche.

3°. *Le banc vert*, celui-ci est le plus inférieur, le plus dur, et contient le plus de chlorite. On y a trouvé outre les fossiles cités plus haut, des glossopêtres. La couleur de ce banc, qui fait dans les constructions extérieures une disparate trop sensible avec celles des autres pierres, en réduit beaucoup l'emploi.

Au-dessous du banc vert on trouve le sable, et il n'y a pas de doute que si on creusoit davantage, on ne trouvât bientôt l'argile plastique, puis la craie; car l'argile se montre sur le penchant des coteaux voisins, et on voit la craie avec ses silex dans les champs entre Salliancourt et Sagy, et même à l'arrivée de Sagy du côté de Salliancourt.

La masse de calcaire marin exploitée à Salliancourt rentre donc dans les lois de superposition que nous avons reconnues au calcaire des environs de Paris. Les seules différences qu'elle offre existent dans l'épaisseur des couches inférieures plus considérable ici qu'ailleurs, et surtout dans la solidité et dans la durée à l'air des pierres de taille qu'on en extrait. Cette différence est d'autant plus remarquable, que les bancs inférieurs de la formation calcaire donnent généralement une pierre qui devient friable à l'air. Les carrières de Salliancourt présentent donc une sorte d'exception à cette règle; mais cette exception n'est pas même complète; car dans beaucoup de points la pierre du banc jaune est de mauvaise qualité, et dans les lieux où elle est solide et durable on peut remarquer qu'elle doit ces qualités à une infiltration spathique qui la pénètre, et qui lie entre elles ses diverses parties, infiltration que nous n'avons pas eu occasion d'observer dans les couches analogues qu'on trouve à Issy, à Meudon, à Sèvres, à Bougival, etc.

Après Meulan, le calcaire coquillier de Merry et celui qui couronne la craie au-dessus de Jusier, n'offrent rien de particulier. On doit seulement faire remarquer que les bancs inférieurs d'Issoud, qui suivent presqu'immédiatement la craie, renferment de la chlorite, et qu'à Fontenay-Saint-Père, au nord de Mantes, et sur le bord occidental du plateau, on voit le banc des coquilles analogues à celles de Grignon (1).

§. VII. *Plateau d'est et d'ouest de Paris.*

Pour terminer la description des plateaux calcaires de la rive droite de la Seine, il ne nous reste plus à parler que de deux petites bandes qui bordent la rivière à l'est et à l'ouest de Paris.

Celle de l'ouest s'étend depuis Chaillot, et même probablement depuis le lieu nommé l'*Etoile* jusqu'à Passy. La partie visible de cette colline calcaire forme une bande très-étroite. Vers le N. O. le calcaire paroît s'enfoncer sous le terrain de transport ancien qui forme le sol du bois de Boulogne et de la plaine des Sablons; car, en creusant dans cette dernière, près la porte Maillot, on trouve au-dessous d'une couche de sable mêlée de cailloux roulés, et qui a environ quatre mètres d'épaisseur, les premières couches de la formation calcaire caractérisées, comme nous l'avons dit, par des lits de marne calcaire blanche, renfermant des petits cristaux de quartz et de calcaire spathique.

A la butte de l'Étoile on a creusé jusqu'à huit mètres pour asseoir les fondations de l'arc de triomphe qu'on y construit. On a trouvé des lits alternatifs de sable argileux, de sable calcaire et de marne calcaire sablonneuse (2), mais on n'a point atteint le calcaire en banc.

---

(1) Nous tenons ces derniers renseignemens de M. de Roissy.
(2) *Détail des couches qui composent le sommet de la Butte de l'Etoile*, par MM. Desmarest *fils* et Leman.

                mètres.
1. Calcaire blanc graveleux en différens bancs 1.30

Nous devons faire remarquer que ces bancs très-distincts s'inclinent un peu du sud au nord, et semblent par conséquent plonger sous Montmartre.

C'est à Passy qu'on voit les bancs calcaires dans leur plus grande épaisseur, ils présentent une masse de 12 à 13 mètres.

Avant d'arriver aux premiers lits de pierre calcaire, on traverse environ vingt-quatre couches, tantôt calcaires, tantôt sablonneuses; les couches supérieures renferment souvent des masses de quartz composées de cristaux lenticulaires, groupés et convergens. Ces masses, connues sous le nom *de quartz lenticulaires*, semblent avoir pris la place du gypse, qui, dans les couches inférieures des carrières de Montmartre, affecte précisément la même forme.

Ces diverses couches forment une épaisseur d'environ 7 mètres. Les bancs calcaires qu'on trouve au-dessous

		mètres.
	de l'autre part	0.30
2.	Marne blanc-verdâtre fissile	0.04
3.	Sable calcaire verdâtre	0.52
4.	Marne blanche argileuse, en deux bancs	0.30
5.	Sable calcaire verdâtre	0.90
6.	Sable calcaire gris, veine de sable verdâtre . . .	1.45
7.	Sable calcaire jaunâtre, avec filets de sable verdâtre .	1.40
8.	Sable calcaire verdâtre	0.80
9.	Quartz lenticulaire empâté de marne	0.12
10.	Marne sablonneuse jaunâtre	0.50
11.	Marne grise compacte	0.06
12.	Quartz carié, terreux, jaunâtre	0.20
	TOTAL	7.59

ne contiennent que le *cerithium lapidum* et le *lucina saxorum* Lam. ; ce qui concourt, avec l'observation précédente, à nous apprendre qu'on ne voit dans ce lieu que les couches supérieures de la formation calcaire.

On peut suivre les bancs calcaires au-delà d'Auteuil, de Passy et de Chaillot, et on les perd vis-à-vis Chaillot, à 110 et 150 mètres du bord de la Seine, et vis-à-vis Passy, à 450 mètres. Mais d'après quelques observations que les fouilles qu'on vient de faire dans les faubourgs du nord de Paris nous ont permis de recueillir, il paroît que cette formation, réduite à l'état de marne calcaire jaune, se continue sans interruption de l'ouest à l'est, et forme le premier plateau qu'on monte en sortant de Paris pour aller, soit à Montmartre, soit à Ménil-Montant ; nous regardons les marnes calcaires et gypseuses marines qu'on trouve à l'ouest de Montmartre, au-dessous de la troisième masse, qu'on revoit au N. de cette montagne dans la rue des Martyrs et à l'est près de l'hôpital Saint-Louis, comme représentant la formation marine, puisqu'on trouve dans ces trois points des coquilles marines semblables à celles qui caractérisent le calcaire grossier.

A l'est de Paris, on reconnoît à peu près la même disposition, c'est-à-dire qu'il règne sur la rive droite de la Marne et de la Seine une bande calcaire qui s'étend depuis Bercy jusqu'à Saint-Maur. Elle est étroite comme celle de Passy. Elle commence à la barrière de Reuilly ; à Bercy elle est à 200 ou 300 mètres de la Seine ; vers le nord elle plonge d'abord au-dessous du terrain de transport ancien, qui constitue le sol du bois de Vincennes, et probablement au-dessous des montagnes gypseuses de Belleville, etc. qui font suite à celles de Montmartre.

On seroit porté à croire, d'après la description précédente, que cette bande calcaire est une suite de celle de Passy, et qu'elle traverse la partie septentrionale de Paris; mais cela n'est point ainsi. Toutes les fouilles qu'on y a faites, soit pour le canal de l'Ourcq, soit pour d'autres travaux, et dont nous avons eu connoissance, nous ont appris que la partie la plus voisine de la Seine est composée d'un terrain de transport moderne, c'est-à-dire des alluvions de la Seine faites depuis la formation de nos continens dans l'état où nous les voyons; que la partie moyenne vers la porte Saint-Denis et la foire Saint-Laurent est située sur le calcaire d'eau douce, et que vers l'extrémité du faubourg, lorsqu'on creuse un peu profondément, on rencontre où la formation gypseuse, et le gypse lui-même, ou ces marnes marines que nous venons d'indiquer, et qui représentent la formation marine; toutes nos recherches et tous les renseignemens que nous avons reçus de M. Héricart de Thury, nous portent à croire qu'il n'existe pas de vrai calcaire en bancs solides, où pierre à bâtir dans cette partie de Paris.

§ VIII. *Plateau de Maisons.*

Ce plateau est très-circonscrit, car il ne tarde pas à être remplacé vers le S. E. par la formation du calcaire siliceux, c'est le seul point depuis le confluent de la Seine avec la Marne jusqu'à la hauteur de Changy, entre

Meaux

Meaux et la Ferté-sous-Jouarre, où le calcaire marin se montre, et c'est probablement aussi le seul où il existe. Ce petit plateau n'offre d'ailleurs rien de remarquable. Il porte des masses de gypse à son extrémité S. E.

RIVE GAUCHE DE LA SEINE.

§ IX. *Plateau du sud de Paris.*

CE plateau est un des mieux connus ; il fournit le plus grand nombre des pierres employées dans les constructions de Paris. Il est percé de carrières dans une multitude de points. On peut aisément déterminer ses limites. Il comprend la partie méridionale de Paris, et s'étend de l'est à l'ouest depuis Choisy jusqu'à Meudon. La rivière de Bièvre le sépare en deux parties ; celle de l'est porte la plaine d'Ivry, et celle de l'ouest forme la plaine de Montrouge et les collines de Meudon.

Dans la plaine d'Ivry, le calcaire marin se trouve presque immédiatement au-dessous de la terre végétale ; il n'est recouvert que d'un à deux mètres d'un agglomerat composé de silex roulés et de débris de calcaire enveloppés d'un sable rougeâtre argileux. Le calcaire marin proprement dit est précédé d'environ un mètre de marne ou de sable calcaire.

Le plateau de la plaine d'Ivry se prolonge au nord dans Paris, jusqu'à l'extrémité orientale de la rue Poliveau.

Le plateau de la plaine de Montrouge est séparé du précédent par le vallon où coule la rivière des Gobelins ;

ce vallon est creusé assez profondément pour couper tous les bancs calcaires, en sorte que la rivière des Gobelins coule sur l'argile plastique. Les bords de ce plateau dans Paris, forment une ligne qui passe sous l'extrémité méridionale du Museum d'Histoire Naturelle, et suit les rues Saint-Victor, des Noyers, des Mathurins, de l'École de Médecine, des Quatre-Vents, de Saint-Sulpice, du Colombier et de Sèvres jusqu'à Vaugirard. Sur cette limite les bancs de calcaire marin, n'ont plus aucune solidité, ils sont minces, friables et marneux (1). C'est sous cette portion de la ville que sont creusées ces fameuses carrières qui ont quelque temps menacé la solidité des édifices qu'elles supportent.

Le bord oriental de la plaine de Montrouge présente une disposition à peu près semblable à celle du bord occidental du plateau d'Ivry. Dans les deux carrières que nous avons étudiées particulièrement, au lieu dit *la Croix penchée*, près le petit Gentilly, on trouve les premiers lits de calcaire marin coquillier, dès qu'on a traversé environ 1 mètre de terre meuble, mélangée de pierrailles calcaires et siliceuses. Les couches de marne qui précèdent ordinairement le calcaire coquillier ne se voient point ici. Il y a 15 à 17 mètres de masse; mais les couches inférieures, composées de calcaire sablonneux et formant environ trois mètres, ne sont pas exploitées.

―――――――――――――――――――
(1) Nous tenons la plupart de ces renseignemens de M. Héricart de Thury, ingénieur des mines, et inspecteur-général des carrières du département de la Seine.

C'est une règle qui n'a pas encore présenté de véritables exceptions (1).

Numéros des couches observées en allant de haut en bas.

(1) *Détail des Carrières de Gentilly.*

N° 1. Marne calcaire avec quelques moules de coquilles bivalves indéterminables.
2 — 4. Calcaire dur, mais presque entièrement composé de cérites, et renfermant aussi quelques autres coquilles.
  Cerithium serratum,
  Fusus bulbiformis,
  Corbula (Lm.)
  Cardium Lima,
  Miliolites.
5 — 6. Calcaire friable.
  Les mêmes coquilles,
  Les *miliolites* plus abondantes.
7. Calcaire tendre, coquilles plus rares, surtout les cérites.
  Les mêmes espèces qu'aux numéros précédens.
  En outre *Corbula anatina*,
  Ampullaria acuta?
  Cithœræa lævigata?
8 — 10. Calcaire tendre.
  Beaucoup de coquilles, mais tellement brisées, qu'il est presque impossible de déterminer les espèces ; presque plus de cérites.
11 — 13. Calcaire plus dur que le précédent.
  Point de cérites.
  Corbula anatina,
  Lucina saxorum,
  Une grande quantité de miliolites.
14 et 15. Calcaire tendre, coquilles non apparentes.
16 — 17. Calcaire dur, entièrement semblable aux n°° 2 — 4.

La formation calcaire paroît s'amincir sensiblement à mesure qu'elle approche du lit de la Seine. Près d'Issy

18. Calcaire tendre, coquilles non apparentes.
19 — 20. Calcaire dur, absolument semblable aux n°ˢ 2 — 4, 16 et 17.
21 — 22. Calcaire moins dur que le précédent, renfermant les mêmes fossiles que les n°ˢ 11 — 13.

Ces divers lits réunis forment une masse d'environ quatorze mètres. On remarquera que ces lits ne sont que des subdivisions de la couche puissante qui renferme les *cérites tuberculées* et les *cérites des pierres*, la seule qui soit exploitée. Les assises à coquilles variées, à chlorite granulée, etc. sont situées au-dessous ; comme elles ne sont pas exploitées, nous n'avons pu les voir dans le lieu où a été prise cette description ; mais en visitant les puits qu'on creuse pour l'exploitation de l'argile plastique, et qu'on ouvre précisément au fond des carrières, nous avons reconnu, en le mesurant nous-mêmes, qu'on traversoit encore 13 mètres de calcaire pour arriver à la glaise, et que les dernières assises étoient composées de sable siliceux, de calcaire jaunâtre, d'une quantité considérable de chlorite granulée d'un beau vert, et de coquilles extrêmement variées et d'un très-beau blanc.

Dans d'autres carrières situées un peu plus au S. O., les marnes qui recouvrent le calcaire marin, et qui paroissent manquer dans celle que nous venons de décrire, présentent la succession de lits suivante :

1 Marne calcaire en fragment.
2 Sable calcaire.
3 Marne calcaire dure.
4 Marne calcaire dure, avec trois petits lits de marne argileuse feuilletée.
5 Sable calcaire fin, avec rognons géodiques, blanchâtre dans sa partie supérieure.
6 Grès calcaire à cérites.
7 Grès calcaire spathique.
8 Calcaire blanc, friable, fissile, à fragmens de coquilles analogues à celles de Pierrelaie.

Nous avons rapporté cette disposition avec détail, parce qu'elle nous offre une nouvelle preuve que le grès de Pierrelaie appartient aux assises supérieures de la formation marine.

on ne traverse guère que 10 à 12 mètres de calcaire pour arriver à la glaise. Dans la plaine de Grenelle, le calcaire a disparu entièrement, et la craie se trouve presque immédiatement au-dessous du sol d'attérissement qui forme cette plaine basse. Ce sol, entièrement composé de silex roulés dans un sable argileux, ferrugineux, est très-épais dans quelques endroits ; il a, auprès de l'École Militaire, 6 à 7 mètres d'épaisseur.

Sur les parties inférieures des pentes des collines qui bordent la vallée de la Seine au midi, la glaise n'est recouverte que par des couches minces de calcaire grossier et tendre.

En remontant vers la colline qui est située au S. E. de Vaugirard, entre ce village et Montrouge, on trouve des carrières ouvertes qui font connoître la disposition des couches calcaires, dans cette partie du plateau. Il y a d'abord dix-huit lits de marne calcaire et argileuse, qui forment une masse d'environ 3 mètres d'épaisseur. On voit parmi les lits supérieurs cette couche de sable quartzeux, agglutiné, qui caractérise généralement les premières assises de la formation calcaire ; on trouve ensuite les bancs qui renferment les lucines et les cérites des pierres, les corbules anatines, etc. des miliolites en quantité prodigieuse ; ces bancs nous ont paru plus puissans ici qu'ailleurs. Au milieu d'eux et immédiatement au-dessous d'un banc rouge presque uniquement composé de cérites, se voit une couche de calcaire marneux qui présente de nombreuses empreintes de feuilles. Cette couche très-mince de feuilles, placée entre des bancs de calcaire marin, dont les supérieurs renferment les mêmes espèces de coquilles que les inférieurs, est un fait assez remarquable et dont nous allons retrouver bientôt de nouveaux exemples. Cette carrière nous a offert 7 mètres et demi de bancs calcaires exploités; les plus inférieurs contiennent des *cithærea nitidula*, des *cardium obliquum*, des *terebellum convolutum*, et des *orbitolites plana*; il n'y a pas de doute qu'en creusant plus profondément, on ne trouvât le calcaire sablonneux à coquilles de Grignon et à chlorite granulée; mais comme il n'est pas susceptible d'être employé, on n'a aucune raison pour entamer ces bancs. Pour qu'on puisse les voir, il faut que quelques circonstances les mettent à découvert et c'est ce qui a lieu à peu de distance de la carrière que nous venons de détailler. En allant vers Issy on rencontre d'abord des carrières qui ressemblent à la précédente; mais derrière le parc qui dépend de la première maison de ce village du côté de Paris, il y a des escarpemens qui font voir le calcaire sablonneux à coquilles très-variées, et souvent nacrées (1), et à chlorite granulée; ici ces bancs sont visibles, parce qu'ils sont comme relevés par l'île de craie qui se fait voir à Meudon, au milieu du bassin de calcaire grossier que nous décrivons.

On retrouve dans les carrières de Clamart la même couche mince de feuilles très-bien conservées; elle est

---

(1) Il est inutile d'énumérer ici ces coquilles, elles sont absolument de même espèce que celles que nous allons citer plus bas, et que toutes celles des couches inférieures du calcaire.

située au milieu des cérites et des lucines des pierres.

Le monticule calcaire qui porte Fleury et Meudon, quoique placé sur une protubérance de la craie et comme soulevée par celle-ci, présente cependant toutes les couches de la formation calcaire, depuis les plus inférieures jusqu'aux marnes les plus superficielles; il est facile de les suivre dans les diverses carrières placées les unes au-dessus des autres.

On peut observer presque au-dessus de la verrerie, mais un peu vers l'est, la craie, l'argile plastique ferrugineuse qui la recouvre, et les premiers bancs de sable et de calcaire sablonneux à chlorite granulée qui reposent sur l'argile. Ce banc très-épais et situé à environ quarante mètres au-dessus des moyennes eaux de la Seine au bas des moulineaux, est d'un jaune de rouille; il est friable et renferme une grande quantité de coquilles très-variées, mais de même espèce que celles qu'on trouve à Grignon.

Nous avons compté dans cette carrière vingt bancs distincts de marne calcaire et de calcaire marin coquillier, qui forment, en y comprenant le calcaire sablonneux, une masse de 23 à 24 mètres d'épaisseur, dont on trouvera ci-dessous le détail (1). Il n'y a au-dessus que 3 mètres

---

(1) *Carrière de Meudon, au-dessus des crayères exploitées.*
Prise à partir de l'argile plastique qui est au-dessus de la craie.

N° 1. Calcaire friable, d'un jaune d'ocre, plus dur dans certaines parties; se désagrégeant à l'air; il est composé de calcaire à gros grains de sable, de chlorite granulée, et d'une quantité prodigieuse

au plus de marne calcaire sans coquilles, mais on doit remarquer aussi qu'on ne trouve pas les couches sablon-

de coquilles, presque toutes analogues à celles qu'on trouve à Grignon; savoir,

Calyptræa trochiformis.
Terebellum convolutum.
Pyrula lævis.
Voluta harpaeformis.
Turritella imbricata.
— *sulcata.*
Cerithium giganteum.
Ampullaria patula.
Venericardia imbricata,
Lucina concentrica.
— *lamellosa.*
Cythærea nitidula.
Pectunculus pulvinatus.
Cardita avicularia.
Cardium porulosum.
Crassatella lamellosa.
Tellina patellaris.
Modiola cordata.
Mytilus rimosus.
Venus texta.
Turbinolites. (Lm.)
Pinna margaritacea.
Orbitolites plana.

mètres.

Fongite conique de 15 millimètres. 3.50

N° 2. Banc blanc assez tendre, formé de lits séparés par de la chaux carbonatée farineuse. Il renferme dans ses dernières assises les mêmes espèces de coquilles que le banc n° 1; mais il n'est point friable comme lui, il ne contient point autant de sable, et ne renferme que très-peu de chlorite granulée; il contient des miliolites en très-grande abondance.   3.10

3. Banc tendre d'un blanc jaunâtre, renfermant des empreintes blanchâtres rhomboïdales allongées de 15 millimètres de lon-

neuses

neuses et quartzeuses qui caractérisent les marnes superficielles.

	gueur, ressemblant à des feuilles. On ne peut y voir aucune nervure, et nous soupçonnons que ce sont des empreintes de *flustres*..............................	mètres. 1.00
N° 4.	Banc tendre. Il est très-tendre, et même friable. On y voit des *terebellum convolutum*, et des veines plus jaunes, formées d'une pâte grossière de coquilles brisées......	0.70
5.	Calcaire plus dur, plus grossier que le précédent; encore quelques orbitolites; beaucoup de miliolites.........	0.40
6.	(La Roche des Carriers). Calcaire jaune dur, surtout vers son milieu, quoiqu'à grain grossier, renfermant beaucoup de moules de coquilles, notamment	
	Miliolites.	
	Cardium Lima ?	
	— *obliquum*.	
	Turritella imbricata.	
	Ampullaria spirata ?	
	Cerithium serratum en grande quantité........	1.20
	Un filet de marne argileuse feuilletée le sépare du banc suivant.	
7.	Calcaire dur jaunâtre très-coquillier, renfermant les mêmes espèces de coquilles que le n° précédent, et de plus, *Lucina saxorum*............................	0.15
8.	Calcaire moins dur, très-peu coquillier, fragmens indéterminables............................	0.12
9.	Calcaire très-friable, se divisant en feuillets perpendiculaires, renfermant des masses dures et quelques coquilles bivalves blanches qui paroissent être des fragmens de la lucine des pierres.....................	0.60
10.	Calcaire gris assez dur, mais fragile, et même friable dans sa partie inférieure	0.61
	Coquilles. *Cerithium serratum.*	
	Lucina saxorum.	
	Miliolites, etc. et autres coquilles des n°° 7 et suivans.	
11.	Calcaire jaunâtre assez compacte, presque point de coquilles, des miliolites.................	0.22

1810.

Ces couches se retrouvent dans des carrières plus élevées que celles-ci, et situées au-dessus des mouli-

N°. 12.	Calcaire très-coquillier, presque toutes les coquilles sont des *cerithium serratum* et des *ampullaria spirata*? On y voit aussi quelques lucines des pierres, quelques *cardium lima* et des miliolites. Il est dur à sa partie inférieure, et friable à sa partie supérieure.	mètres. 0.92
13.	Calcaire à grain fin, assez compacte, argileux, et même fissile dans sa partie inférieure, ayant la cassure conchoïde dans son milieu, des fissures perpendiculaires très-nombreuses, dont les parois sont teintes en jaune d'ocre, et couvertes de dendrites. Il ne renferme que des *cerithium lapidum*, des corbules lisses, et peu de miliolites.	0.25
14.	Calcaire jaune un peu rougeâtre, dur dans sa partie supérieure, composé d'une pâte de coquilles brisées. On y trouve des cérites, des corbules et des miliolites comme dans les couches précédentes.	0.30
15.	Calcaire dur très-compacte en lits minces, ondulés, renfermant quelques coquilles entières dans son épaisseur, et beaucoup de coquilles écrasées à sa face inférieure. Mêmes espèces que dans le précédent. Épaisseur variable. . .	0.05
16.	Calcaire dur, compacte, avec dendrites noires, ne renfermant que des cérites lisses. (*Cerithium lapidum*). L'épaisseur de ce banc est variable, il se réduit presque à rien dans certains points, et est remplacé par de la marne blanche à retrait prismatique, qui paroît venir de la couche supérieure.	0.15
17.	Couche de marne calcaire, composée, en allant de bas en haut, 1°. de rognons ovoïdes pesans, remplis de larges fentes dans leur milieu ; ces fentes sont quelquefois tapissées de petits cristaux blancs de chaux carbonatée ; le tout est entièrement dissoluble dans l'acide nitrique. 2°. De masses blanches comme crayeuses. 3°. D'un lit inégalement renflé de marne calcaire dure, remplis de noyaux de cérite lisse (*cerithium lapidum*), et d'un lit de marne calcaire dure, à fissures perpendiculaires, sans coquilles apparentes. . .	0.25

neaux; on y trouve même du quartz lenticulaire, comme à Passy.

Les marnes sablonneuses, calcaires et argileuses, ne

		mètres.
N° 18.	Marne calcaire assez compacte, mais fragmentaire, les fissures couvertes d'un enduit jaunâtre et de dendrites noires; coquilles très-rares, probablement cérites lisses . . Ce banc est divisé en quatre assises; on remarque des rognons vers la partie supérieure, il est séparé du banc suivant par une petite couche d'argile.	0.90
19.	Marne calcaire friable, tendre, assez fissile	0.1
20.	Marne calcaire grise, friable, poreuse, renfermant très-peu de coquilles, quelques cérites et quelques bivalves indéterminables	1.0
	Total des bancs calcaires renfermant des coquilles environ	26$^{mèt.}$
21.	Marne sablonneuse et argileuse très-tendre	0.22
22.	Marne calcaire friable blanche, marbrée de jaune pâle, renfermant dans sa partie supérieure des parties dures cariées à cassure spathique, et dont les cavités sont tapissées de chaux carbonatée en très-petits cristaux. La partie inférieure présente des veines et des petits rognons de calcaire spathique transparent	0.50
23.	Marne calcaire d'un blanc jaunâtre, homogène, tendre, surtout vers les assises inférieures	1.02
24.	Marne calcaire ferrugineuse, rubannée de jaune et de blanc, très-friable, avec des parties dures dans ses assises inférieures	0.20
25.	Calcaire dur, spathique, en rognons irréguliers. Epaisseur moyenne	0.10
26.	Marne calcaire très-friable, avec quelques filets jaunâtres horizontaux. Jusqu'à la terre végétale	0.80
	Total de la marne calcaire sans coquilles environ .	3$^{mèt.}$

15 *

forment qu'une masse de 3 mètres, on ne voit guère que 16 mètres de la masse de calcaire coquillier qu'elles recouvrent. Les bancs sablonneux inférieurs n'ont point été mis à découvert ; mais dans une autre carrière très-élevée, située précisément à l'est du château de Bellevue, on voit très-distinctement, en allant de bas en haut :

1°. Une masse de sable, d'un blanc grisâtre, veinée de jaune ;

2°. Un banc puissant de calcaire grossier, pétri de chlorite granulée d'un beau vert, et de coquilles nombreuses très-blanches.

3°. Le calcaire grossier d'un blanc jaunâtre ; il est ici très-tendre.

§ X. *Plateau du Mont-Valérien.*

La vallée de Sèvres forme sa limite à l'est, et celle de Marly sa limite à l'ouest. Le grand coteau sableux qui porte la forêt de Marly, couvre au S. O. tous les plateaux qui bordent immédiatement la rive gauche de la Seine. Le vallon de Sèvres, depuis son embouchure jusqu'à Chaville est bordé sur ses deux côtés, de carrières nombreuses ; les bancs de bonne pierre y sont plus rares que dans les carrières du plateau de Montrouge, et nous croyons pouvoir en indiquer la cause. Nous avons déjà dit que les couches calcaires les plus inférieures, celles qui se rapprochent le plus de la craie étoient presque toujours sablonneuses et même friables, d'un jaune ferrugineux, et pénétrées de chlorite ; que lorsqu'elles étoient solides dans la carrière, elles ne tardoient pas à se désaggréger à l'air et à tomber en poussière, de sorte qu'on n'exploitoit jamais ces derniers bancs, même quand ils se présentoient à fleur de terre.

La craie qui se montre au jour, et dans une position très-relevée, non seulement à Meudon, mais encore à Sèvres au pied de la colline de Bellevue, et dans le parc de Saint-Cloud au pied du pavillon d'Italie, a rehaussé tous les bancs calcaires, en sorte que la plupart des carrières, et surtout celles du bas de Sèvres, ne présentent que les bancs inférieurs du calcaire grossier, ceux qui sont les plus voisins de la craie. La roche, c'est-à-dire les bancs durs à cérites, y manquent quelquefois entièrement; et quand ils s'y trouvent, ils sont minces; ou enfin s'ils sont épais, ils donnent une pierre qui se détruit à l'air par partie, et qui est généralement de mauvaise qualité.

Sur la gauche en montant on trouve d'abord les carrières qui sont au pied du plateau de Bellevue, ensuite celles de la manufacture de porcelaine, et on en trouve ainsi de distance en distance jusqu'à Chaville.

Sur le côté gauche du vallon, nous regardons, comme la première carrière, celle qui est dans le parc de Saint-Cloud, presque en face du pavillon d'Italie; tout le bord du plateau calcaire de Saint-Cloud est ainsi percé de carrières jusqu'à Chaville.

Ces carrières que nous avons examinées avec soin et

dont on trouvera ci-desous les détails (1), offrent quelques particularités.

---

(1) *Carrières de Sèvres, en partant des couches visibles les plus inférieures.*
— *Seconde Carrière en montant.*

N° 1.   Calcaire jaunâtre pointillé de blanc friable.
Miliolites et moules intérieurs de turritelles.
(Comme c'est le plus inférieur, et qu'on n'a pu le voir en entier, il n'a pas été mesuré).

2.   Calcaire jaune tendre, séparé du précédent par une couche d'argile très-mince, avec des moules intérieurs de coquilles indéterminables, d'*Arca scapulina*, de tellines, de turritelles, de miliolites . . . . 0.18   mètres.

3.   Calcaire plus dur 0.34
Cerithium rugosum.
— *thiara* ?
— *lamellosum.*
Cardium Lima.
Miliolites.

4.   Banc tendre d'un cendré verdâtre lorsqu'il est humide, nommé à cause de cela *banc vert*, ne renfermant que peu de coquilles ; partie inférieure plus tendre, remplies d'empreintes brunes de feuilles posées à plat. Partie supérieure plus dure, présentant des fissures remplies de calcaire jaune grossier 0.50

Troisième Carrière.

N° 1.   Calcaire jaunâtre, peu dur, renfermant peu de coquilles, mais de grandes coquilles bivalves, avec des infiltrations siliceuses et des silex coquilliers à sa partie inférieure . . 1.50
On voit dans le calcaire, au-dessous des silex, des miliolites et des moules peu entiers de cithérées, de cérites, d'ampullaires, de cardium ; mais les espèces ne sont pas déterminables.

Ces silex renferment une grande quantité de coquilles ; comme ce ne sont que des moules intérieurs, elles sont

On trouve dans les lits supérieurs de marne sans coquilles, et même dans les assises supérieures du calcaire

---

très-difficile à déterminer, nous avons cru pouvoir y reconnoître les espèces suivantes :

Cerithium serratum.
Ampullaria spirata ?
Cithœrea elegans ?
Venus callosa ?
Cardium Lima.
Lucina saxorum.
Miliolites.

		mètres.
N° 2.	Calcaire marneux, très-friable, renfermant des empreintes de feuilles et quelques coquilles brisées dans sa partie supérieure	0.40
3.	Calcaire blanc assez compacte, dur, renfermant beaucoup de cérites des pierres	0.80
4.	Calcaire jaunâtre tendre, renfermant des miliolites et quelques cérites . . . . Nous y avons vu un fragment du *Pinna margaritacea.*	0.40
5.	Calcaire jaunâtre dur, renfermant des miliolites, des *cerithium serratum*, des ampullaires et des cithérées ; le tout brisé.	1.00
6.	Calcaire jaunâtre très-dur ; mêmes espèces que dans le n° précédent ; très-peu de miliolites. Il renferme vers sa partie supérieure une zone continue de silex, rubané de calcaire	0.50
7.	Calcaire marneux tendre, avec une zone dure, et très-fragmentaire vers son milieu	0.60
8.	Banc d'argile continu, recouvert d'une couche de sable calcaire blanc. . . . . Dans quelques endroits, ce sable devient plus pur, et s'agglutine même en silex corné zonaire.	0.15
9.	Calcaire jaunâtre assez dur, rempli de fragmens blancs de coquilles qui sont des *cerithium serratum*, des *corbula striata ?* S'il y a des miliolites, ils y sont rares.	0.60

proprement dit, des couches de sable à gros grains, souvent mêlé de calcaire ou pénétré d'infiltration calcaire; quelquefois la matière siliceuse s'est aggrégée de manière à former des bandes de silex corné (Hornstein). Cette disposition se voit dans la carrière du parc de Saint-Cloud, dans celle de la butte de Bellevue et dans la troisième carrière du côté gauche du vallon de Sèvres; dans cette même carrière, les bancs qui appartiennent à la famille des ampullaires, des cérites et des grandes cythérées, renferment ces mêmes coquilles dont le vide est rempli de silex noir; lorsque ce vide a été trop grand, comme dans les cythérées, pour être rempli entièrement, les parois sont tapissées d'espèces de stalactites siliceuses, contournées comme le flos-ferri et souvent hérissées de très-petites pointes de quartz. On trouve dans ces mêmes couches des lits de silex pyromaque, comme pétris de coquilles des genres précédens; les cavités de ces coquilles renferment de l'eau qu'on en voit sortir en cassant ces silex, long-temps même après leur extraction de la carrière; cette eau n'a aucune saveur, et ne nous a paru avoir aucune action sur le nitrate d'argent.

Enfin, au milieu des bancs à cérites, se trouve un lit de calcaire marneux, présentant des empreintes de diverses plantes; elles sont noires, charbonneuses, et parconsé-

---

On trouve à sa face inférieure une couche d'argile qui renferme les mêmes coquilles écrasées.

N° 10. Banc de calcaire sableux, et même un peu spathique et   mètres.
carié 0.60

quent

quent friables; ces empreintes, quoique peu reconnoissables, ne ressemblent cependant point aux empreintes de feuilles, dont nous avons parlé précédemment. Nous devons seulement faire remarquer à leur sujet, qu'elles se trouvent dans les mêmes couches calcaires que celles de Châtillon, etc., c'est-à-dire au milieu des cérites ; mais qu'au lieu d'être dans un banc de calcaire solide, comme dans les lieux cités plus haut, elles se trouvent dans une marne calcaire friable.

En suivant ce plateau du sud au nord, on y rencontre encore d'autres carrières qui en font voir la structure. On en trouve d'abord une derrière le palais de Saint-Cloud et dans l'enceinte même de ce palais. Il y en a deux autres sur la pente S. E. 1°. Une au S. E. du Mont-Valérien du côté de Surêne et presque au pied de ce monticule, ce qui est une nouvelle preuve de la position du gypse sur le calcaire marin ; 2°. deux autres sur les deux côtés de la route en descendant au pont de Neuilly. C'est dans les couches de marnes calcaires de celles-ci qu'on a trouvé ce lit de quartz cristallisé dodécaèdre bisalterne, mêlé de chaux carbonatée équiaxe et de chaux fluatée (1), dont nous avons fait mention plusieurs fois. Nous donnons en note (2) la succession des couches qui renferment ces quartz et la chaux fluatée.

Sur la pente nord-ouest du même plateau on re-

―――――

(1) C'est M. Lambotin qui a reconnu le premier la présence de la chaux fluatée en petits cubes jaunâtres dans cette couche. Il l'a vue d'abord près du Marché aux Chevaux, au S. E. de Paris, ensuite à Neuilly.

(2) Les carrières et escarpemens du N. et du S. de la route sont générale-

marque les grandes et belles carrières de Nanterre qui bordent les deux côtés de la grande route, à la descente du plateau; ni ces carrières, ni celles du *loup*, qui se trouvent plus au nord et qui ont une étendue imposante, ne nous ont offert aucune particularité. On sait qu'on trouve sur les parois des fissures des carrières de Nanterre, ce calcaire cotonneux, qu'on nomme vulgairement *farine fossile*.

En suivant le bord septentrional du plateau que nous décrivons on arrive aux crayères de Bougival; elles sont surmontées, comme celles de Meudon, de bancs de calcaire marin : les plus inférieurs de ces bancs sont friables, et remplis de chlorite; ils contiennent en outre des coquilles marines, souvent nacrées et d'espèces très-variées semblables à celles de Grignon; ces bancs reposent sur une couche de sable très-épaisse. Cette disposition est donc absolument semblable à celle qu'on observe à Meudon sur le bord méridional du même plateau.

---

ment semblables entre elles. Les couches supérieures qui renferment le quartz, etc. se suivent ainsi en allant de haut en bas.

N° 1. Marne calcaire en fragmens irréguliers.
    2. Banc puissant de calcaire extrêmement friable, renfermant des moules de coquilles marines, assez variées, mais dans lesquelles nous n'avons pu reconnoître que le *cardium obliquum*.
    3. Marne compacte fragmentaire.
    4. Marne blanche friable.
    5. Sable quartzeux et quartz.
    6. Marne blanche avec rognons et zones horizontales, remplies ou composées de calcaire spathique et cristallisé de la variété équiaxe? mêlé de petits cristaux de quartz bisalterne et de chaux fluatée.
    7. Marne blanche friable.

§ XI. *Plateau de Saint-Germain.*

On sait qu'on monte rapidement lorsqu'on veut gagner le sommet de ce plateau à Saint-Germain même. Ses bords escarpés présentent la coupe des couches calcaires qui le composent : on voit dans ses couches inférieures les grains de chlorite et les espèces de coquilles qui annoncent le voisinage de la craie.

La colline de Lucienne appartient à ce plateau; les fouilles qu'on vient d'y faire, depuis le pied de l'aqueduc de Marly qui est situé sur le sable de son sommet, jusqu'au premier réservoir de Marly près de sa base, font très-bien connoître la nature de cette colline et nous offrent une nouvelle confirmation des règles de superposition que nous avons reconnues; car on a percé successivement les sables sans coquilles des hauteurs, les marnes du gypse, le calcaire marin jusqu'à l'argile plastique qui recouvre la craie, et qui a ici une épaisseur considérable. On peut en lire les détails dans la note ci-dessous (1).

---

(1) On réunit ici les différens terrains traversés par les cinq puits qui sont situés les uns au-dessus des autres. On n'a trouvé le sable des hauteurs que dans le premier et le second puits.

N° 1. Sable jaune argileux sans coquilles.
    2. Sable jaune plus argileux.
    3. Sable noirâtre argileux, renfermant des silex roulés, altérés, devenus blancs et opaques.
    4. Marne noirâtre argileuse, sableuse, et un peu calcaire. On a trouvé au milieu de cette couche, dans le premier puits, une côte de *Lamantin* très-bien caractérisée, changée en un silex noirâtre.

Ce plateau descend au nord en pente insensible vers la Seine, et se confond avec le terrain d'alluvion, par lequel il est en grande partie recouvert.

Nous ne connoissons l'extrémité occidentale de ce plateau, qui se prolonge jusqu'à Bouaffle, que par l'examen que nous en avons fait de la rive droite de la Seine, et par les renseignemens que nous avons reçus.

En revenant sur nos pas, nous allons reprendre le plateau calcaire qui s'étend de Versailles jusqu'à Meaulle.

N° 5. Marne calcaire renfermant des huîtres fossiles. (*Ostrea. lingua-tula.* Lm.)
6. Marne calcaire compacte.
7. Marne argileuse.
8. Marne argileuse verte, à peine effervescente.
9. Marne calcaire très-compacte.
10. Silex pyromaque en rognons, enveloppé de calcaire blanc crayeux, mêlé de silice.
11. Calcaire marin, grenu, friable, sans coquilles apparentes.
12. Calcaire marin grossier à coquilles blanches très-variées et à chlorite verte granulée, très-abondante.
13. Argile noire sableuse, renfermant des coquilles blanches friables, qui paroissent être des cythérées nitidules et des turritelles. On y a trouvé aussi du bois charbonné, des pyrites et du bitume asphalte. Elle est quelquefois précédée de silex roulés.
14. Argile plastique grise, marbrée de rouge, sans coquilles.

On reconnoît, du n° 1 à 3 inclusivement, la formation du sable sans coquilles. — Du n° 4 au n° 8 ou 9, la formation marine qui recouvre le gypse. Il paroît que le gypse, et par conséquent que la formation d'eau douce inférieure manque. — Du n° 9 ou 10 au n° 12 la formation de calcaire marin qui paroît être très-mince ici, parce que la craie et l'argile plastique sont très-relevées. — Les n°s 13 et 14 appartiennent à la formation de sable et de l'argile plastique qui précède la craie.

§ XII. *Plateau de Villepreux.*

Ce plateau semble être la partie méridionale du grand plateau calcaire qui s'étend de Sèvres à Bouaffle, et dont nous venons de décrire la partie septentrionale et les deux appendices ; sa partie moyenne est recouverte par la grande bande sablonneuse qui s'étend sans interruption de Ville-d'Avray à Aubergenville.

Il est percé de carrières, dont l'ouverture est peu élevée au-dessus du fond de la vallée; car ce plateau calcaire, recouvert d'une masse considérable de marne argileuse et de sable, est généralement bas et ne présente que peu d'escarpemens. Il va toujours en s'abaissant vers le sud et disparoît entièrement, sous les masses de sable de la Beauce, dont la nappe immense et non interrompue commence sur le bord méridional de la grande vallée, qui s'étend depuis Versailles jusqu'à la rivière de Maudre ; aussi les carrières n'existent-elles guère que sur le bord septentrional de ce vallon.

Ce plateau calcaire nous offre sur son bord méridional, trois points intéressans : Saint-Nom, Grignon et Meaulle.

Aux environs de Saint-Nom, c'est-à-dire au pont de Noisemont près de Villepreux, d'une part, et au pont de Fontaine sur la route de Meaulle de l'autre, on retrouve le lit de calcaire qui présente des empreintes de feuilles parfaitement semblables à celles de Châtillon; elles sont, comme celles-ci, dans une assise de calcaire dur, à grain assez fin et en plaques minces ; la partie de ces plaques qui présente les empreintes végétales, n'a peut-être pas trois centimètres d'épaisseur ; et cependant on voit combien cette couche mince avoit d'étendue. Les feuilles sont mêlées ici, comme à Chatillon, à Sèvres et à Saillancourt, avec des cérites et des lucines des pierres et placées plutôt vers la partie inférieure du banc de cérite, que vers sa partie supérieure. On reconnoît aussi fort bien, dans ces carrières, la position du banc de cérite toujours supérieur à tous les autres.

Nous avons examiné ces empreintes de feuilles, avec MM. de Jussieu, Desfontaines, Correa, Decandolle, etc. Le plus scrupuleux examen ne nous a pas permis de déterminer même les genres de plantes auxquels elles peuvent être rapportées ; quelques-unes ont de grandes analogies avec les feuilles du Nérium. Mais cet examen nous a prouvé que la plupart de ces feuilles n'avoient pu appartenir à des plantes marines proprement dites, et cependant elles se trouvent au centre des bancs de calcaire marin et au milieu des coquilles marines les mieux caractérisées. Quant à l'habitation des tiges plates, articulée (fig. 1, EFG), qui se trouvent mêlées avec ces feuilles, elle est douteuse.

Le hameau de Grignon, célèbre par l'amas étonnant de coquilles fossiles que renferme son parc, est situé dans ce même vallon et vers son embouchure, entre les craies apparentes à Chavenay et celles qui forment les collines de Mareil.

Le banc coquillier se fait voir déjà près de Galluy

ensuite aux environs de Villepreux, mais il est dans ces lieux plus solide qu'à Grignon.

En examinant la couche friable qui renferme ces coquilles, on remarque aisément qu'elle appartient aux couches moyennes et inférieures du calcaire ; elle offre les fossiles variés, et les sables siliceux qui s'y voient constamment.

On remarque, en allant de bas en haut, la succession suivante de couches :

N° 1. Calcaire grossier assez solide, quoique grenu, sableux, et même friable en partie, renfermant beaucoup de coquilles et de la chlorite granulée. C'est le sol inférieur du terrain de Grignon. Il faut donner quelques coups de pioches pour le voir.

Nous y avons reconnu ce petit polypier en forme de dez à coudre que M. de Lamarck décrit sous le nom de *Lunulites*, et qu'on trouve à Lallery, près Chaumont, mais que nous n'avions pas encore vu dans la couche n° 2 de Grignon. On y trouve aussi, mais très-rarement, des portions du même *spatangus* que nous avons cité comme fort commun à Saillancourt.

2. Calcaire jaunâtre grossier, grenu, sableux, friable, et sans aucune consistance, renfermant la quantité prodigieuse de coquilles marines fossiles, qui sont particulièrement citées à Grignon. Il ne renferme ni les nummulites, ni les turbinolites, ni les fongites, ni les *venericardia costata*, ni la chlorite des bancs inférieurs ; il ne renferme point non plus les cérites des bancs supérieurs.

Les coquilles y sont pêle-mêle, quelquefois par amas ou filon ; elles sont bien conservées, faciles à détacher de leur gangue ; plusieurs ont conservé les points ou lignes jaunes qu'elles avoient avant d'être fossiles. On trouve beaucoup de coquilles bivalves avec leurs deux valves réunies, notamment le *crassatella sulcata*. Ces coquilles, quoique parfaitement fermées, sont remplies du même sable calcaire coquillier qui les entoure ; ce qui semble prouver qu'elles sont restées long-temps ouvertes au milieu de ce sable après leur mort, en sorte que le sable calcaire qui les entouroit a pu y pénétrer, et qu'elles n'ont été fermées ensuite que par la compression des couches qui se sont déposées au-dessus d'elles. Cette disposition doit forcer aussi d'admettre dans l'eau qui les recouvroit une grande tranquillité.

Ce banc est de 5 à 6 mètres d'épaisseur. Il paroît qu'on y a trouvé des lits durs, composés d'un calcaire moins grenu, mais renfermant les mêmes coquilles, et notamment le *cardium aviculare*, et présentant des empreintes des plantes articulées dont nous donnons la figure (fig. 6). Nous n'avons pu parvenir à voir ces pierres en place.

N° 3. Banc de calcaire tendre à grain fin, renfermant moins de coquilles que le précédent, mais offrant dans ses fissures des empreintes jaunes de feuilles, qui ressemblent à des feuilles de graminées aquatiques, ou à des feuilles de fucus. On y voit aussi des empreintes de *flustra* et de polypiers. Ces empreintes sont recouvertes des petits spirorbes qui habitent ordinairement sur ces corps, et qu'on prendroit au premier aspect pour des planorbes.

Ce banc paroît correspondre à celui qui renferme les empreintes de feuilles que nous avons reconnues et citées à Châtillon, Saint-Nom, etc.

4. Calcaire tendre fissile, renfermant principalement la lucine des pierres.
5. Calcaire tendre fissile, ne renfermant presque point de coquilles.
6. Calcaire plus dur, souvent même assez dur, mais se désaggrégeant facilement, surtout vers la surface du sol, et renfermant une quantité prodigieuse de cérites de diverses espèces, et quelques autres coquilles. Savoir,

Ancilla buccinoides.
Voluta Cythara.
Fusus bulbiformis.
Pleurotoma lineata.
Turritella subcarinata.
Melania costellata.
Miliolites.
Phasianella turbinoides.
Cerithium lapidum.
— *cristatum.*
— *Thiara.*
— *clavatulum.*
— *lamellosum.*
— *mutabile.*
Natica cepacea.
Ampullaria acuta.

Venus

Venus Scobinella.
Cardium obliquum.
Lucina saxorum.

Vers la partie la plus supérieure de ce banc on trouve quelques individus fort rares du *cyclostoma mumia.*

On voit donc ici toujours la même succession de fossiles, et cette partie du plateau calcaire n'est remarquable que parce que les coquilles y sont réunies en bien plus grand nombre, et que les bancs qui les renferment y sont plus friables qu'ailleurs, ce qui permet d'en extraire les coquilles facilement et dans leur entier.

Nous ne donnerons aucun détail ni sur le nombre ni sur les espèces de fossiles qu'on trouve à Grignon. Nous avons dit, dans le premier chapitre, que M. Defrance y avoit compté près de six cents espèces différentes, et qu'elles avoient été décrites et figurées pour la plupart par M. de Lamarck (1). Il nous suffit de faire remarquer que toutes les coquilles de la couche de calcaire sableux, quoique bien conservées, sont pêle mêle, tandis que

---

(1) M. de Lamarck décrit, parmi les coquilles de Grignon, qui sont toutes marines, plusieurs espèces de coquilles qui appartiennent à des genres dans lesquels on ne devroit trouver que des coquilles d'eau douce. Cette contradiction apparente vient de deux causes. 1°. Il décrit des coquilles réellement d'eau douce qui se trouvent bien à Grignon, comme le *cyclostoma mumia*, le *limneus palustris*; mais elles se trouvent à la surface du sol, et non dans le banc de coquilles proprement dit; 2°. il cite des mélanies, des planorbes, etc. qui font partie du banc de coquilles marines; mais en examinant avec quelqu'attention les espèces qu'il rapporte à ces genres, on voit qu'elles n'en ont pas les caractères, qu'elles diffèrent des coquilles d'eau douce renfermées dans ces mêmes genres, et qu'elles doivent faire, comme M. de Lamarck en convient, des genres distincts. (*Voyez* le Mémoire que l'un de nous a publié sur le terrain d'eau douce et sur la description de ses coquilles, *Annales du Muséum*, tome XV.)

les empreintes végétales et les cérites sont placées séparément et dans les couches supérieures, comme nous venons de le dire plus haut.

Le plateau de Villepreux est terminé à l'ouest par le vallon où coule la Maudre. Les coteaux qui bordent ce vallon, depuis environ une lieue au-dessus de Beyne jusqu'à son embouchure dans la Seine, sont de craie à leur base, et de calcaire marin à leur sommet.

Cette craie est recouverte, comme partout, d'une terre argilo-sablonneuse rougeâtre, renfermant une grande quantité de silex. Le bois de Beyne, situé à l'ouest de ce village, est posé sur ce terrain; mais en sortant de ce bois, du côté de Lamarre-Saulx-Marchais, on trouve dans une plaine un peu inclinée vers le nord, et à des différences de niveaux très-légères, les successions de terrain suivantes :

1°. Dans la partie déclive un sol argilo-sablonneux rougeâtre, mêlé de silex et de craie *sans aucune coquille*.

2°. En remontant un peu, c'est-à-dire d'un ou deux mètres au plus, on trouve dans ce même sol une quantité prodigieuse de coquilles qui appartiennent aux couches inférieures du calcaire grossier. Les espèces principales, c'est-à-dire les plus abondantes, sont :

Patella spirirostris.
Ancilla canalifera.
— *buccinoïdes.*
Mitra terebellum.
Voluta muricina.
Fusus longævus.
— *bulbiformis?*
Pyrula lævigata.

Ampullaria patula.
Solarium plicatum.
Turritella sulcata.
— *imbricata*, en quantité immense.
Venericardia planicosta.
Crassatella compressa.
— *sulcata.*
Cytherea nitidula.
— *semisulcata.*
Pectunculus pulvinatus,
Trois espèces d'huîtres que nous n'avons pu déterminer.

Les coquilles, qui se trouvent dans la transition d'une formation à une autre au milieu des silex, sont pêle-mêle, et généralement brisées. Nous n'avons pu découvrir, parmi les milliers de *turritella imbricata* que nous avons vus, un seul individu entier.

3°. En remontant encore de quelques mètres, et surtout en allant vers l'ouest, on voit à une portée de fusil une petite carrière de calcaire grossier, friable, sans aucune consistance, en un mot, à l'état de sable comme celui de Grignon, ce sont les couches moyennes et supérieures du calcaire grossier. Les coquilles qu'elles renferment sont disposées comme à Grignon, également bien conservées, quoique très-fragiles ; mais l'épaisseur du tout est beaucoup moins considérable. On y reconnoît la succession suivante de lits. (1).

N° 4. (1) Calcaire sableux, chlorite granulée et immense quantité de coquilles.
N° 5. Calcaire sableux, sans chlorite, moins de coquilles ; une petite zone plus dure sépare ces deux lits.
N° 6. Calcaire sableux, et quantité prodigieuse de coquilles ; ce lit est un peu plus dur que les précédens.
Les coquilles renfermées dans ces trois lits appartiennent absolu-

---

(1) Ces numéros se rapportent, en allant de bas en haut, aux lits de la coupe figurée que nous donnons de ce lieu.

ment aux mêmes espèces que celles du lit friable de Grignon. Il est donc inutile de rapporter ici l'énumération que nous en avons faite.

N° 7. Calcaire friable, avec des morceaux irréguliers, durs, saillans, rangés sur deux ou trois lignes horizontales parallèles, renfermant quelques coquilles mal conservées.

N° 8. Sable siliceux et calcaire, renfermant quelques espèces de coquilles, et notamment une quantité innombrable de cérites. Les espèces de coquilles que nous avons vues dans ce banc, sont :

Voluta muricina, un seul fragment.
Buccinum ?
Pleurotoma punctatum ?
Cerithium lapidum, extrêmement abondant.
— *angulosum ?* assez abondant.
— *cristatum*, très-abondant.
— *clavatulum*.
— *mutabile*.
— *lamellosum*.
Turritella subcarinata.
Melania multisulcata ? assez abondant.
Dentalium . . . . . . ?
Ampullaria . . . . . ?
Lucina saxorum, très-commun.
Nucula . . . . ? la même espèce qu'on trouve dans les grès de Beauchamp, etc.
Corbula.

Les cérites sont aux autres coquilles comme 100 à 1. Elles sont disposées en un lit d'un à deux décimètres d'épaisseur, horizontal et parfaitement régulier. Elles sont bien entières, mais très-fragiles.

N° 9. Terre végétale, 5 à 6 décimètres, mêlée d'un grand nombre de cérites.

En descendant le vallon de Maudre, on trouve le bourg de Maulle. Nous avons encore visité et étudié dans ce lieu les bancs de calcaire grossier qui recouvrent la craie; et nous avons reconnu, dans la superposition de ces bancs, exactement le même ordre que dans les couches calcaires des autres collines. Ainsi les bancs les plus inférieurs sont friables comme à l'ordinaire, ils renferment de grosses coquilles fossiles et des grains de chlorite; au-dessus se trouvent des couches de pierre calcaire plus dure sans chlorite. Vers le sommet on trouve le premier grès marin; il renferme ici, dans sa partie inférieure, des concrétions siliceuses, cylindroïdes et rameuses, grosses comme des fémurs humains, presque toujours creuses, mais dont la cavité est tantôt garnie de stalactites de silex, tantôt remplie de silex noir. Ces concrétions, très-nombreuses dans cette couche sablonneuse, pourroient être des zoophites fossiles, voisins du genre des antipathes. On sait que l'axe de ces zoophites est corné et plus tendre que leur écorce : il aura laissé, en se détruisant, la cavité que l'on voit dans ces fossiles. Au-dessus, mais dans le même banc sablonneux, est un lit de coquilles entièrement silicifiées: ces coquilles ne sont pas seulement des cérites. On y trouve aussi des *cardium obliquum*, des ampullaires, des cythérées élégantes, des lucines des pierres et la plupart des autres coquilles du grès marin; nous avons observé ces diverses particularités dans les carrières à l'ouest de Maulle.

Au sud, c'est-à-dire en montant vers Saint-Jacques, on voit également du calcaire grossier placé immédiatement sur la craie. Les couches inférieures de ce calcaire sont friables, sablonneuses; mais, au lieu de chlorite granulée, elles renferment une multitude de petits grains noirs qui, séparés du calcaire par l'acide nitrique, font voir un sable quartzeux, transparent, coloré en noir par de l'oxide de fer.

A l'est de Maulle, sur le chemin des Alluets, on retrouve encore le calcaire sur la craie, mais en bancs très-minces, dont les assises inférieures contiennent beaucoup de sable et une grande quantité de coquilles analogues à celles de Grignon.

Le terrain de calcaire grossier se termine à l'ouest de notre carte, à Maulette, près d'Houdan, et il offre ici une disposition particulière et des rapports avec le terrain d'eau douce, qui méritent d'être décrits.

Après le village de la Queue, deux lieues avant d'arriver à Houdan, on traverse un cap très-avancé vers le nord-ouest du grand plateau sableux de la Beauce; lorsqu'on commence à descendre son second étage au lieu dit *le Bœuf couronné*, on voit épars dans les champs, en fragmens arrondis et en place sur le bord septentrional de la route, du calcaire blanc, compacte, très-dur, un peu sableux, renfermant des petits bulimes et présentant des empreintes de coquilles, qui paroissent être des potamides. On trouve ensuite sur un plateau inférieur très-peu élevé, qui est composé de deux sortes de terrains, le terrain d'eau douce en couche très-mince, et le terrain marin ayant également très-peu d'épaisseur ; cette disposition est très-apparente lorsqu'on descend ce petit plateau immédiatement avant d'arriver à Maulette. Alors la coupure du bord septentrional de la route présente les bancs suivans, en allant de haut en bas :

1°. Une couche composée de fragmens de ce même calcaire blanc, dur, et de masses ou fragmens de silex pyromaque à empreintes de cérites ou de potamides. Ces fragmens sont bouleversés et mêlés de terre végétale qui semble avoir pénétré dans leurs interstices;

2°. Un banc régulier d'un sable calcaire, tantôt jaune, tantôt verdâtre, tantôt blanc, tantôt rougeâtre, renfermant une immense quantité de coquilles marines, dont les principales espèces sont :

>Oliva laumontiana.
>Marginella ovulata, rare.
>Pleurotoma lineatum?
>Ancilla olivula.
>— auricula.
>Cerithium clavatulum.
>— umbrellatum.
>— angulatum.
>— calcitrapoïdes?
>— hexagonum.
>— lapidum.
>— plicatum?
>— interruptum?
>— Thiara.
>— mutabile.
>Pyrula subcarinata.
>— lævigata.
>Melania lactea, en quantité considérable, et une ou deux autres espèces très-voisines.
>— hordeacea, qui caractérise, comme nous l'avons dit, les grès marins voisins des terrains d'eau douce.
>Ampullaria depressa.
>Cytherea elegans.
>— semisulcata.
>Lucina circinnaria.
>— hosdinciaca. MEN. (1).
>Venus callosa.

---

(1) Cette énumération est le résultat de nos propres observations et de celles de M. Menard-la-Groye.

A mesure qu'on descend, ce banc se montre davantage ; il renferme dans sa partie inférieure du calcaire marin très-solide en zone d'un décimètre d'épaisseur au plus. Le banc superficiel, n° 1, composé de fragmens de calcaire d'eau douce, diminue peu à peu, et disparoît presqu'entièrement.

Mais sur la partie déclive du terrain la terre végétale devient plus épaisse, et renferme une quantité innombrable de coquilles toutes bouleversées, notamment des cérites et presque toutes les coquilles du sable calcaire n° 2. On doit remarquer que ce mélange est si récent qu'on trouve avec les mêmes coquilles des coquilles terrestres, telles que des hélices et des cyclostomes élégantes qui ne sont point fossiles, mais seulement altérés par l'action du soleil et par celle des météores atmosphériques (1).

Si on veut prendre la peine de comparer cette description avec celle que nous avons donnée des points de contacts du terrain d'eau douce et du sable marin, on y verra absolument la même sorte de terrain, la même disposition de couche, et généralement les mêmes espèces de coquilles qu'à Nanteuil-le-Haudouin, qu'à Beauchamp près Pierrelaie, qu'à Ezanville près Ecouen, les mêmes cérites que dans les couches marines superficielles, et pareillement mêlées au sol cultivé, comme nous l'avons observé à Grignon, à Beyne, à Levignan, etc.

---

(1) M. Ménard de la Groye, qui a vu ce terrain avec beaucoup de soin, et qui se propose même d'en donner une description particulière, a trouvé dans cette couche de terre végétale mêlée de cérites et de coquilles terrestres non fossiles, des portions d'ossemens humains, notamment un frontal.

4ᵉ Formation. — *Calcaire siliceux.*

Le calcaire siliceux, dont nous avons fait connoître le gisement géologique dans notre première partie, forme au sud-est de Paris un plateau immense. Il n'est interrompu par aucun autre terrain. On ne trouve aucune île de ce terrain au milieu de ceux que nous venons de décrire; et dans tout le pays, dont il forme la base, on ne connoît aucune partie de calcaire marin; mais on ne peut en dire autant, ni de la formation gypseuse dont les marnes le recouvrent quelquefois, ni des autres formations supérieures à celle-ci. Nous en avons conclu que le calcaire siliceux remplaçoit au S. E. de Paris la formation de calcaire marin.

Nous soupçonnons cependant que cette sorte de terrain n'est pas absolument exclue des pays formés par le calcaire marin, et qu'elle s'y montre dans quelques parties en couches extrêmement minces, recouvrant les dernières assises de ce calcaire. Nous soupçonnons par exemple que les marnes calcaires dures, souvent grises, souvent infiltrées de silice et de quartz, comme à Passy, à Neuilly, à Meudon, à Sèvres, etc., ne renfermant jamais aucune coquille, ni marine, ni fluviatile, appartiennent à la même formation que le calcaire siliceux de Champigny, etc. Il y a entre ces couches minces de marnes dures et siliceuses, et les bancs puissans de calcaire siliceux, la plus grande analogie; leur position respective dans la série des couches est la même, puisqu'on trouve toujours ces couches au-dessous du gypse, et dans le passage du gypse au calcaire, comme à Triel, à Meudon, à Saint-Cloud, etc.

La carte que nous joignons à cette description fait connoître toute l'étendue du terrain de calcaire siliceux et ses limites exactes au N. O. On voit qu'en partant de Meaux, la vallée de la Marne forme la limite naturelle de ce terrain jusqu'au cap où est situé Amboise ; qu'il n'y a qu'une seule île de calcaire siliceux sur la rive droite de cette rivière, celle qui porte Dampmart et Carnetin.

On remarque qu'il quitte la vallée de la Marne à Amboise, pour aller gagner presque en ligne droite celle de la Seine à Villeneuve-Saint-Georges ; alors il la suit jusqu'à Draveil. En s'étendant sur la rive gauche de cette rivière, il prend pour limite, à l'ouest, la vallée d'Orge jusqu'à Saint-Yon, au-delà d'Arpajon. Les sables de la Beauce qui le recouvrent entièrement, empêchent de le suivre plus loin de ce côté ; mais, en revenant vers le sud-est, on le conduit par-delà la forêt de Fontainebleau jusque près de Nemours. La formation de calcaire siliceux est terminée au sud par la craie qui reparoît ici, non pas que ce calcaire soit caché par la craie, puisque celle-ci lui est toujours inférieure ; mais il n'existe plus. Du côté de la Beauce, au contraire, il n'est, comme nous venons de le dire, que recouvert par l'immense plateau de sable qui forme la base de ce terrain. En effet, quand on descend ce plateau du côté d'Orléans pour entrer dans la vallée de la Loire, le calcaire siliceux reparoît. La plupart des maisons de la ville d'Orléans, ses quais, etc. en sont construits. (1)

Vers l'est nous n'avons pu déterminer ses limites d'une manière aussi certaine; elles sont et trop éloignées et trop souvent cachées par les sables. Mais il paroît qu'elles finissent, comme du côté de Nemours, aux collines de craie qui commencent à Montmirail, etc.

Il seroit fatigant et inutile de décrire successivement tous les petits plateaux renfermés dans cette grande enceinte; ce seroit d'autant plus inutile, qu'il y a peu de terrains d'une structure plus uniforme que celui-ci. Nous nous contenterons d'indiquer quelques-uns des points les plus remarquables parmi ceux que nous avons examinés.

La colline de Dampmart, au nord de Lagny, est le seul terrain de calcaire siliceux que nous connoissions sur la rive droite de la Marne. Ce calcaire siliceux, sans coquille, est recouvert ici de calcaire siliceux d'eau douce, et vers l'extrémité nord-ouest, cette colline porte le terrain gypseux de Carnetin.

La colline de Champigny, sur le bord de la Marne, est un des points où le calcaire siliceux puisse être le plus facilement étudié, et un de ceux où il présente ses ca-

---

(1) Dans ces cantons il est très-difficile de le distinguer du calcaire d'eau douce, lorsqu'il est en fragments isolés; le calcaire d'eau douce des environs d'Orléans et de Nemours étant souvent en grandes masses compactes avec peu de coquilles, il n'y a que l'examen des bancs en place, et leur position respective, qui puisse permettre d'établir entre ces deux calcaires une distinction certaine.

ractères de la manière la plus évidente. Le terrain est formé, dans une grande épaisseur, de masses calcaires compactes réunies par des infiltrations de calcaire spathique, de quartz cristallisé, de calcédoine, de cacholong et de silex mameloné et coloré en rouge, en violet ou en brun. Quelques-uns de ces silex, comme l'a découvert M. Gillet-Laumont, offrent ces couches planes et parallèles de calcédoine et de sardoine que l'on recherche pour la gravure en camées; enfin on y voit tous les passages possibles du silex dur et translucide au silex blanc, opaque et friable comme de la craie. Le calcaire gris compacte et infiltré de silex, est exploité dans ce lieu pour faire de la chaux d'une très-bonne qualité. Cette exploitation ayant fait creuser et remuer dans un grand nombre de points le terrain de cette colline, nous a permis de rechercher si nous ne pourrions pas apercevoir quelques débris de coquilles fossiles, soit marines, soit fluviatiles : nous n'en avons vu aucun indice; mais le sommet de la montagne est composé de silex et de meulière renfermant des coquilles d'eau douce.

Le plateau de calcaire siliceux compris entre la rivière d'Orge et celle d'Essone, est recouvert en grande partie, et surtout du côté de la rivière d'Essone, d'une couche mince de marne verte. Cette disposition que nous avons remarquée plus particulièrement près d'Essone, est presque générale. Aussi voit-on toutes les sources de la Beauce sourdre de points assez élevés, parce que l'eau, après avoir traversé le terrain meuble ou le sable, est arrêtée par ce lit de marne verte qui représente la formation gypseuse.

Tous les grès de la forêt de Fontainebleau sont portés sur le sol de calcaire siliceux. Ce sol n'est point apparent dans tous les points; mais on le voit partout où il est assez relevé pour paroître au-dessus du terrain meuble, et partout où les escarpemens sont assez profonds pour l'entamer, comme sur la route de Nemours, à la descente des grès, et sur toutes les pentes rapides qui mènent dans la vallée de Loing ou dans celle de la Seine. Les murs de Samois en sont construits, et on y remarque des plaques de silex blanc, sans aucune cavité et sans aucun mélange de calcaire, qui ont plus de 3 décimètres de long sur 8 à 9 centimètres d'épaisseur, et qui, étant polies et gravées, pourroient être employées dans les arts.

On retrouve le calcaire siliceux sur l'autre rive de la Seine, ainsi que la carte le fait voir. Il est très-apparent vis-à-vis l'embouchure du Loing, à Samoireau, etc.; à Melun et à Corbeil on en fait, comme à Champigny, de la très-bonne chaux.

Le terrain de calcaire siliceux se fait voir encore à Montereau; mais comme la craie est ici en saillie, elle semble avoir exhaussé ce terrain qui est très-peu épais et placé dans une situation fort élevée.

Le calcaire siliceux est beaucoup plus rare à l'ouest de Paris, et nous ne le connoissons que dans un seul point, dans la vallée qui court du nord au sud, et qui va de Mantes à Septeuil. C'est à Vers qu'on peut assigner le commencement du terrain qui est composé de cette roche. Il paroît se terminer dans le plateau qui domine Septeuil, et c'est après Septeuil, en montant sur ce plateau, qu'on reconnoît très-distinctement la couche puissante de calcaire siliceux qui le constitue. Il est très-compacte et infiltré de silex calcédonieux; ses fissures sont quelquefois tapissées de cristaux de quartz. Enfin il ne diffère en rien de celui de Champigny, de Villemoison, etc. etc. On doit seulement remarquer que les assises supérieures présentent beaucoup plus d'infiltrations siliceuses que les inférieures.

Nos voyages, que nous avons tracés sur la carte, font voir tous les points où nous avons observé le calcaire siliceux de nos propres yeux. Nous y avons compris, il est vrai, ceux qui ont été visités par M. Frédéric Cuvier, qui a bien voulu faire sur ce terrain un grand nombre d'excursions, pour nous aider dans nos observations. Les terrains intermédiaires ont été colorés par induction et d'après les rapports des artisans qui emploient ce calcaire dans la construction des bâtimens ou à faire de la chaux.

5e et 6e Formations. — *Gypse, première formation d'eau douce, et Marnes marines.*

Le gypse ne forme point, comme le calcaire, de vastes plateaux à peine divisés par les vallons où coulent les rivières; il est disposé en masses souvent coniques et isolées, quelquefois allongées et assez étendues, mais toujours très-bien limitées. Il seroit donc facile de décrire chaque colline, chaque montagne et chaque butte gypseuse séparément; mais cette longue et fastidieuse énumération seroit peu utile. L'inspection de la carte donnera à cet égard toutes les connoissances nécessaires ; elle fera voir également les limites et la direction de la bande gypseuse; et, quoique nous ayons déjà indiqué cette disposition dans le premier chapitre, nous y reviendrons lorsque nous aurons fait connoître les montagnes gypseuses qui présentent les particularités les plus intéressantes (1).

§ Ier. *Rive droite de la Marne et de la Seine.*

La colline de gypse la plus éloignée que nous ayons visitée à l'est, est celle de Limon, près de Nanteuil-sur-Marne, à l'ouest de Laferté-sous-Jouarre.

Le gypse n'est jamais recouvert par la meulière, si abondante dans ce canton; cependant il est aisé de s'assurer que la formation de la meulière lui est postérieure, et qu'il est toujours immédiatement appliqué sur le calcaire.

De Nanteuil à Meaux on trouve les buttes de gypse

---

(1) Les Mémoires de Guettard, sur la minéralogie des environs de Paris, ont servi à nous indiquer les lieux où nous devions aller chercher le gypse; mais nous avons vérifié par nous-même, ou par de nouveaux renseignemens pris sur les lieux, tous les points qu'il avoit indiqués. Quant aux descriptions qu'il donne, elles sont trop inexactes et trop obscures pour être de quelque utilité.

suivantes : au nord-ouest de Laferté, celle de Morentru ; plus au nord, celle de Torchamp ; encore plus au nord, et au nord-est de Cocherel, celle de Chaton.

Les collines gypseuses du nord et du nord-ouest de Meaux sont : celle de Cregy, le plâtre s'y trouve principalement vers l'ouest, du côté de Challouet; celle de Panchard, à l'ouest de ce village ; celle du sud-ouest de Barcy ; celles de Pringy, de Monthion, du Plessis-l'Évêque ; enfin la colline assez étendue de l'est à l'ouest qui est au nord de Cuisy.

Presque toutes ces collines fournissent des marnes argileuses propres à la fabrication de la brique, de la tuile et même de la poterie. Il y a des tuileries en activité à Challouet, à Panchard, entre Montge et Cuisy, etc. etc.

En continuant vers l'ouest, on trouve la colline élevée de Dammartin, dont le sommet est composé de meulière d'eau douce et d'une couche épaisse de sable blanc qui paroît assez pur. Ces meulières et le silex à coquilles d'eau douce se trouvent dispersées dans les champs des environs. Le gypse ne s'exploite pas dans la butte même de Dammartin, mais dans une butte inférieure qui en est séparée par une petite vallée, et qui est située au sud-est. Il y forme une masse d'environ 14 mètres d'épaisseur, qui est recouverte par 5 à 6 mètres de marnes blanches, grises et vertes. Ces dernières se montrent à la surface. Nous n'avons pu découvrir ni huître, ni aucune autre coquille dans la partie que nous avons examinée. On exploite de semblables carrières à Longperrier, et surtout à Montcrepin, au nord-ouest de Dammartin.

Dammartin. Dans ces dernières, la pierre à plâtre est presque à la surface du sol. Ces couches gypseuses renferment des ossemens fossiles ; ce qui doit faire supposer qu'elles appartiennent à la première masse, c'est-à-dire aux bancs supérieurs du gypse.

En suivant toujours la direction du nord-ouest, on trouve encore deux collines gypseuses : celle du bois de Saint-Laurent et celle du bois de Montméliant, au bas de laquelle est située Morfontaine. Les marnes argileuses qui recouvrent ce gypse sont très-propres à la fabrication des tuiles et des poteries, et on connoît le parti avantageux qu'en ont tiré MM. Piranesy pour en faire des vases d'une grande dimension, d'une belle pâte et d'une assez bonne qualité.

En redescendant au sud, la carte de Cassini indique une plâtrière près du Mesnil-Amelot et au milieu de la plaine composée de terrain d'eau douce qui sépare la chaîne de collines que nous venons de suivre, de celle que nous allons examiner, en commençant par Carnetin.

La colline qui remplit l'anse que forme la Marne à l'est de Lagny, et qui est située au nord de cette ville, est entièrement composée de calcaire siliceux dans toute sa partie méridionale. Le gypse n'est connu que du côté de Carnetin, sur le versant septentrional. Il est placé sur une couche épaisse de marne calcaire blanche remplie de gros silex blancs et opaques qui ressemblent aux ménilites par leur forme et par leur situation. Ces plâtrières se prolongent jusqu'à Anet, et sont situées à l'extrémité orientale de la longue colline gypseuse en forme d'arc de cercle, qui porte sur ses versans Saint-Marcel, Courtry, Couberon, Vaujours, Clichy, Montfermeil, Chelles, Gagny et Villemonble, et qui se termine à Rosny.

Le cap que forme la butte de Chelles est entièrement composé de gypse recouvert seulement d'un mètre de marne verte. Cette marne est surmontée d'une couche peu épaisse de sable et de meulière d'eau douce.

On peut reconnoître ici trois masses de gypse. La plus superficielle a 8 à 9 mètres d'épaisseur; elle est séparée de la seconde par sept mètres de marne blanche. La seconde masse a 3 à 4 mètres de puissance. On y remarque quelques assises minces, mais dures, qui fournissent des dalles employées dans les constructions. Les parties supérieures de cette seconde masse donnent un plâtre de mauvaise qualité.

La troisième masse est représentée par une petite couche séparée de la précédente, et qui n'a que 4 à 5 décimètres d'épaisseur.

Du côté de Montfermeil, les marnes vertes ont plus d'épaisseur. On y fait de la tuile.

La longue colline qui s'étend de Nogent-sur-Marne à Belleville, et que nous appellerons colline de Belleville, appartient entièrement à la formation gypseuse; elle est recouverte vers son milieu de sables rouges argilo-ferrugineux sans coquilles, surmontés de couches de sables agglutinés, ou même de grès renfermant un grand nombre d'empreintes de coquilles marines analogues à celles de Grignon. Cette disposition est surtout remarquable dans les environs de Belleville et au sud-est de Romainville. Le grès marin y forme une couche qui a plus de 4 mètres d'épaisseur.

Cette colline renferme un grand nombre de carrières qui présentent peu de différences dans la disposition et la nature de leurs bancs.

L'escarpement du cap qui s'avance entre Montreuil et Bagnolet n'est pris que dans les glaises, les bancs de plâtre de la première masse s'enfonçant sous le niveau de la partie adjacente de la plaine qui dans cet endroit est un peu relevée vers la colline, et qui s'abaisse vers le bois de Vincennes. Les marnes qui recouvrent la première masse ont une épaisseur de 17 mètres. La marne verte qui en fait partie a environ 4 mètres. On y compte quatre lits de sulfate de strontiane. On voit un cinquième lit de ce sel pierreux dans les marnes d'un blanc jaunâtre qui sont au-dessous des vertes ; et peu après ce cinquième lit se rencontre la petite couche de cythérés. Elles sont ici plus rares qu'ailleurs, et mêlées de petites coquilles à spire qui paroissent appartenir au genre spirorbe. Les autres bancs de marne ne présentent d'ailleurs rien de remarquable. La première masse a neuf à dix mètres d'épaisseur.

En suivant la pente méridionale de la colline dont nous nous occupons, on trouve les carrières de Mesnil-Montant, célèbres par les cristaux de sélénite que renferment les marnes vertes, et par les silex ménilites des marnes argileuses feuilletées. Ces silex se trouvent à environ 4 décimètres au-dessus de la seconde masse, par conséquent entre la première et la seconde (1).

Enfin, à l'extrémité occidentale de cette colline sont les carrières de la butte de Chaumont.

Toutes les collines qui sont dans le même alignement que celles de Montmartre, ayant à peu de chose près la même structure que cette butte, la description détaillée que nous allons donner de Montmartre suffira pour faire connoître la suite des couches principales; mais comme c'est dans la colline de Belleville que les marnes d'eau douce renferment le plus de coquilles, nous nous arrêterons un instant sur leur description.

La butte Chaumont, qui est le cap occidental de la colline de Belleville, n'est point assez élevée pour offrir les bancs d'huîtres, de sable argileux et de grès marin qu'on observe à Montmartre. Nous avons dit qu'on trouvoit le grès marin près de Romainville : nous ne connoissons les huîtres que dans la partie de la colline qui est la plus voisine de Pantin, presque en face de l'ancienne seigneurie de ce village; on les trouve à 6 ou 7 mètres au-dessous des sables, et un peu au-dessus des marnes vertes; c'est leur position ordinaire.

Lorsque les couches de sable marin et d'huîtres n'existent pas, on voit d'abord une couche de silex d'eau douce; on trouve ensuite en descendant :

1°. Deux assises alternatives de marne calcaire assez dure et pesante.

---

(2) C'est par erreur que nous avons dit, dans notre premier Mémoire, que c'étoit dans les marnes argileuses feuilletées de la troisième masse.

2°. Une marne argileuse sans coquilles apparentes, renfermant des noyaux durs de marne calcaire.

3°. Le banc de marne argileuse verte, qui a ici environ 5 mètres de puissance ; au-dessous se trouvent les couches suivantes.

4°. Un premier banc de marnes jaunes feuilletées, qui renferme vers son tiers inférieur des os de poissons, des cythérées planes, n° 1 ; seulement des spirorbes et quelques *cerithium plicatum*.

5°. Un lit très-mince de marne argileuse mêlée de vert et de jaune, renfermant un grand nombre de coquilles écrasées dont les débris sont blancs. Quoique ces coquilles soient comme broyées, on peut encore y reconnoître des cythérées, des spirorbes, et surtout des *cerithium plicatum*.

6°. Un lit d'un à deux décimètres de marne calcaire blanchâtre, friable, sans coquilles.

7°. Un second banc de marnes jaunes feuilletées, renfermant dans sa partie inférieure un lit de cythérées bombées, n° 2 ; point de planes, mêlé de spirorbes, d'os de poissons et de petits corps blancs ovoïdes de la grosseur d'un grain de moutarde et d'une nature indéterminée.

Des petits lits de sélénite se rencontrent au milieu de ces couches. La dernière renferme entre ses feuillets les plus inférieurs des rognons de strontiane sulfatée.

Toutes ces couches, depuis les marnes vertes, c'est-à-dire du n° 4 au n° 7 inclusivement, ont deux mètres d'épaisseur.

8°. On trouve alors les marnes d'eau douce ; elles sont blanches, avec des taches et des lits très-minces d'oxide de fer, rouge, pulvérulent. Elles renferment d'abord des débris de coquilles d'eau douce, puis des lymnées et des planorbes bien entiers. C'est surtout dans la carrière qui regarde le nord, et qui est après Pantin, que ces coquilles sont et les plus nombreuses et les mieux conservées, et c'est dans les couches les plus inférieures de la marne qu'elles sont les plus abondantes.

Ce système de banc de marnes blanches d'eau douce a de 20 à 25 décimètres d'épaisseur dans les deux carrières où nous l'avons visité ; savoir, celle de Pantin et celle de la butte Chaumont derrière le *combat du taureau*.

Entre cette colline et celle de Montmartre est la plaine de Pantin, dont le fond est de gypse. Les bancs de gypse y présentent beaucoup de désordre et d'ondulations. On les attribue aux sources et cours d'eaux assez nombreux qui les ont excavés en dessous.

Immédiatement après la colline de Belleville on trouve, en allant toujours à l'ouest, la butte de Montmartre. La description générale, mais succincte, que nous en avons donnée dans le premier chapitre, comme exemple de la formation gypseuse, ne nous empêchera pas de donner ici une description détaillée d'autant plus nécessaire que cette colline, quoique visitée depuis long-temps par tant de minéralogistes, offre encore tous les jours de nouveaux sujets d'observations.

Montmartre.

Cette butte est isolée et à peu près conique, mais plus étendue de l'est à l'ouest que du nord au sud. Le terrain qui la sépare de la butte Chaumont, forme une espèce de col élevé.

Nous allons décrire successivement et avec détail les couches de sable marin, de marnes marines, de marnes et de gypse d'eau douce, et de marnes et de gypse marins qui constituent cette butte.

N° 1. *Sable et grès quartzeux.*

Le sable, qu'on trouve au sommet de Montmartre, est quelquefois agglutiné, et forme des grès rougeâtres, mais friables, qui renferment des moules de coquilles. La matière de la coquille n'existe plus, et on ne voit même dans le sable aucun débris de ces coquilles. Ce grès est composé de grains de quartz assez gros, peu arrondis, mais point cristallisés; il ne fait aucune effervescence, et est infusible au feu de porcelaine. Les coquilles qu'il renferme sont toutes marines, et généralement semblables à celles de Grignon; nous y avons déterminé les espèces suivantes :

Cerithium mutabile.
— *cinctum.*
Solarium, pl. 8, fig. 7, LM.
Calyptræa trochiformis.
Melania costellata.
Pectunculus pulvinatus.
Cytherœa nitidula.
— *lævigata.*
— *elegans?*
Crassatella compressa?
Donax retusa?
Corbula rugosa.
Ostrea flabellula.

Des empreintes qui paroissent dues à des fragmens d'oursins, etc.

N° 2. *Sable argileux jaunâtre.*

Il est d'un jaune sale, il ne fait point effervescence, et n'est donc point calcaire, quoiqu'il recouvre immédiatement la marne suivante (1); mais il éprouve un commencement de vitrification au feu de porcelaine.

mètre.
3. *Marne calcaire blanchâtre*. 0.10

Elle est très-friable, très-calcaire; elle est presque entièrement composée de petites huîtres (*ostrea linguatula* LM.) brunes, et de débris de ces coquilles.

4 *Marne argileuse jaunâtre* 0.40

---

(1) Ces deux bancs de sable, mesurés de la porte du cimetière jusqu'au banc d'huître, ont 28 à 30 mètres d'épaisseur.

Elle est jaune-pâle, sale et par fragment. Elle renferme moins de coquilles que la précédente et que la suivante. Ce sont des débris d'huîtres.

5. *Marne calcaire fragmentaire* 0.20

Elle se brise facilement en petits morceaux assez solides. Elle est très-coquillière, et renferme absolument les mêmes espèces que le n° 3.

6. *Marne argileuse grise* 0.85

Elle est grise, marbrée de jaune, fragmentaire. Elle ne renferme à sa partie supérieure que quelques huîtres. (*Ostrea linguatula*). Elle est plus argileuse dans son milieu, et contient alors beaucoup plus d'huîtres. Elle devient brune et très-argileuse à sa partie inférieure; elle fait à peine effervescence, et ne renferme plus de coquilles.

N° 7. *Marne argileuse blanchâtre et marbrée de jaunâtre* . . . 0.65

Elle est fragmentaire à sa partie supérieure. Elle ne contient pas de coquilles, elle devient fissile et plus grise vers sa partie inférieure.

8. *Marne calcaire blanchâtre* 0.15

Elle est friable dans quelques parties, et dure dans d'autres, au point d'acquérir la solidité et la cassure serrée de la chaux carbonatée compacte. Elle renferme des coquilles d'huîtres d'une espèce différente des précédentes; (*Ostrea canalis* Lm.); quelques-unes ont jusqu'à 1 décim. dans leur plus grande dimension. On trouve dans le même lit des débris de crabes et des débris de balanes.

Les couches de 2 à 8 inclusivement paroissent appartenir à un même système qui seroit caractérisé par la présence habituelle des huîtres et par l'absence des univalves.

9. *Marne argileuse brune, jaune, verdâtre, fragmentaire.* 0.15

Elle ne renferme point de coquilles, et est pénétrée de sélénite; elle fait un peu effervescence.

à 0.

10.   Marne argileuse sablonneuse 0.20

Elle est assez dure et d'un gris jaunâtre; elle fait une vive effervescence avec l'acide nitrique; elle contient des moules de coquilles bivalves, indéterminables.

11.   Marne argileuse jaune 0.50

Ce banc est pétri de débris de coquilles; et, quoique ces coquilles soient presque toutes écrasées, nous avons pu y reconnoître les genres et les espèces suivantes :

Nerita espèce lisse mais indéterminable.
Ampullaria patula? très-petite.
Trochus.
Cerithium plicatum.
Cythærea elegans.
— voisine du *semisulcata;* mais plus épaisse et d'une autre forme.
Cardium obliquum?
Erycina.
Nucula margaritacea.
Pecten.

Cette marne est plus fragmentaire que fissile; les coquilles y sont toutes disposées sur le plat.

On y trouve aussi des fragmens de palais d'une raie analogue à la *raie aigle*, et nous avons recueilli un fragment d'aiguillon d'une raie voisine de la *pastenague*.

N° 12.   Marne argileuse très-feuilletée, à feuillets ondulés.

D'un violet noirâtre lorsqu'elle est humide. Elle se gonfle et se ramollit dans l'eau, et fait effervescence dans l'acide nitrique.

Cette espèce de vase argileuse endurcie est percée de trous entièrement remplis de la marne supérieure, comme s'ils avoient été faits par des pholades, et remplis postérieurement.

13.   Marne calcaire grise 0.30

Dure dans quelques endroits, mais généralement friable. Elle ne renferme pas de coquilles.

14. *Marne argileuse fissile* 0.70
En feuillets alternatifs et nombreux, plus ou moins colorés de blanc, de jaune et de vert. Elle est assez solide, et fait à peine effervescence.

15. *Marne calcaire blanche* 0.10
Semblable à celle du n° 13, mais plus solide et plus blanche.

N° 16. *Marne argileuse* 0.50
Fissile comme le n° 14. Elle est moins délayable dans l'eau, et fait à peine effervescence.

17. *Marne calcaire verdâtre* 0.05
Elle est assez argileuse, ce que prouvent les nombreuses fissures qui s'y forment par le dessèchement; elle est d'ailleurs peu solide.

18. *Marne argileuse verte* 4.00
Cette couche épaisse est d'un vert jaunâtre; elle n'est point fissile mais friable; elle ne contient, suivant M. de Gazeran, que 0.07 de chaux. Elle fait cependant une assez vive effervescence avec l'acide nitrique, et se réduit par la fusion en un verre noirâtre homogène. On n'y voit aucun débris de corps organisés. Cette marne renferme des géodes globuleuses, mais irrégulières, qui se dissolvent entièrement dans l'acide nitrique. Ces géodes verdâtres ont leurs fissures et leur intérieur tapissés de cristaux de chaux carbonatée. On trouve vers leur centre un noyau mobile de même nature que l'enveloppe.

La marne verte est, comme nous l'avons dit plusieurs fois, le banc le plus apparent, le plus constant, et par conséquent le plus caractéristique de la formation gypseuse.

19. *Marne argileuse jaune* 0.35
Elle est très-feuilletée, et renferme entre ses feuillets un peu de sable fin jaunâtre, et des petits cristaux de sélenite. On ne voit point de coquilles dans ses feuillets supérieurs.

19 *bis*. Même marne moins feuilletée, renfermant des coquilles. C'est dans cette marne que se trouve ce lit mince de cythérées qui règne avec tant de constance dans une très-grande étendue de terrain. Nous n'avons vu à Montmartre que quelques *cerithium plicatum* et des cythérées bombées, n° 2 ; les cythérées planes, n° 1, paroissent manquer dans les carrières que nous avons examinées. Nous ne connoissons de spirorbes que dans les carrières de l'est.

N° 19 *ter*. La même marne, mais beaucoup moins fissile, et d'un vert sale jaunâtre ; elle contient immédiatement au-dessous des coquilles précédentes, des rognons de strontiane sulfatée terreuse compacte qui fait un peu effervescence avec l'acide nitrique.

20. *Gypse marneux en lits ondulés*. 0.30

Les zones gypseuses alternent avec des zones de marne calcaire friable.

21. *Marne blanche compacte*. 0.58

Elle est d'un blanc grisâtre marbré et tacheté de jaunâtre. Elle est assez compacte, et fait une violente effervescence avec l'acide nitrique.

22. *Marne calcaire fragmentaire* 0.72

Elle est blanchâtre, ses fragmens sont assez gros et solides, quoique tendres.

23. *Marne calcaire pesante* 0.08

Elle est d'un blanc sale assez dur, quoique fragmentaire.

Les marnes n°ˢ 21, 22 et 23 répondent aux marnes blanches n° 8 de la butte Chaumont et de Pantin. On n'y voit pas, il y est vrai, comme dans ces dernières, les limnées abondans qui les caractérisent ; mais elles sont de même nature, dans la même situation, et nous avons cru appercevoir quelques débris de coquilles dans celles des carrières de l'est de Montmartre.

24. *Marne argileuse friable verdâtre* 0.35

Elle ressemble en tout aux marnes argileuses feuilletées n° 19; mais on n'y connoît point de coquilles, on y voit seulement quelques débris informes de poissons.

N° 25. *Marne calcaire sablonneuse* 0.08

    Elle est blanchâtre, friable; ses salbandes sont ocracées.

26. *Marne calcaire à fissures jaunes* 1.13

    Elle est très-fragmentaire, ses fragments sont parallélipipédiques. Leurs surfaces sont recouvertes d'un vernis jaune d'ocre, surtout vers la partie inférieure qui se confond avec le n° suivant.

27. *Marne argileuse verdâtre* 0.80

    Elle est assez solide et même fragmentaire dans ses parties supérieures; ses fissures sont teintes d'un enduit d'ocre. Vers son milieu, et surtout vers son lit, elle est feuilletée et rubanée de vert et de blanchâtre.

    Les feuillets sont traversés par des espèces de tubes ondulés, remplies de marne ocreuse.

    Cette marne fait très-peu effervescence.

28. *Marne calcaire tendre blanche* 0.48

    Elle est très-fragmentaire, et forme trois zones blanches qui sont séparées par des petites couches de marne argileuse brun verdâtre. Il y a au milieu de cette couche un petit lit de gypse très-distinct.

29. *Argile figuline brun-verdâtre* 0.27

    Cette argile ne fait aucune effervescence.

30. *Marne calcaire blanchâtre* 0.77

    Elle est d'un blanc verdâtre, et un peu plus brune vers le bas. Elle se divise en fragmens assez gros.

31. *Marne argileuse compacte* 0.62

    En lits alternatifs gris, jaunâtre et blanc.

32. *Marne argileuse brun-verdâtre* 0.62

Elle ne fait que très-légèrement effervescence; elle est fissile, et même friable, et renferme beaucoup de sélénite.

N° 33.   *Marne calcaire blanche* 1.33

Elle se divise en fragmens, dont les fissures sont teintes de jaune d'ocre.

34.   *Marne calcaire jaunâtre* 0.70

Elle est feuilletée et fragmentaire. Les fissures sont couvertes de dendrites, et renferment des cristaux de sélénite.

PREMIÈRE MASSE.

35.   *Gypse marneux* (premier banc.) 0.40

Il est friable, un peu jaunâtre dans ses fissures. Il fait une très-vive effervescence.

Il varie beaucoup d'épaisseur, et est quelquefois réduit à un très-petit filet.

Ces bancs de gypse impur sont appelés *chiens* par les ouvriers.

36.   *Marne calcaire jaunâtre rubanée* 0.86

Elle est fissile, assez tendre, et renferme quelques cristaux de sélénite.

37.   *Marne calcaire blanchâtre fissile* 0.40

Elle est blanche, fissile et friable avec des infiltrations ocracées.

Elle renferme entre ses feuillets des petits lits de gypse marneux.

38.   *Gypse marneux* (second banc.) 0.16

C'est le même que celui du n° 35. Il est tantôt réuni avec cette couche de gypse, tantôt il en est séparé par les couches de marne calcaire, n°s 36 et 37.

39.   *Marne calcaire blanchâtre fragmentaire* 0.25

Elle est d'un blanc jaunâtre. Ses nombreuses fissures sont couvertes d'un vernis jaune et de dendrites noires.

C'est dans cette marne qu'on a trouvé un palmier fossile pétrifié en silex.

N° 40.   *Gypse marneux* (troisième banc.) 0.40

La partie supérieure est moins impure que la partie inférieure, qui est très-marneuse.

41.   *Marne argileuse friable jaunâtre* 0.33

Elle est un peu feuilletée ; les surfaces des fissures sont jaunes d'ocre. Elle renferme des infiltrations de sélénite.

42.   *Gyspe marneux* (quatrième banc.) 0.16

Il est plus pur que les deux couches précédentes, et fait par conséquent moins d'effervescence dans l'acide nitrique.

43.   *Marne calcaire blanche* 1.10

Elle est un peu jaunâtre, et se divise en gros fragmens assez solides. Ses fissures sont couvertes de dendrites noirâtres.

44.   *Gypse marneux* (cinquième banc.) 0.33

Il est blanc, friable, assez effervescent.

45.   *Marne calcaire tendre* 0.80

Elle est blanchâtre, avec des zones horizontales jaunâtres et des petits filets de sélénite.

46.   *Gypse saccaroïde.*

C'est la première masse exploitée. Les ouvriers l'appellent aussi *haute masse* ; elle a en tout de . . . . 15 à 20 m.

Elle est distinguée par les ouvriers en plusieurs bancs auxquels ils donnent des noms particuliers, mais qui varient un peu suivant les diverses carrières.

Nous ne ferons mention que des bancs les plus remarquables.

a. *Les fleurs.*

Il renferme des lits très-minces de marne calcaire.

b. *Les moutons.*

c. *La petite corvée.*

Nous y avons vu une petite couche de silex de 3 à 4 millim.

d. *La bossue.*
e. *Les écuelles.*
f. *Les brioches.*
g. *La grande corvée.*
h. *Le gros jaune.*
i. *Le bien venant.*
k. *Le pilotin*, ou *bancs gris.*
l. *Le blanc lit argenté, banc sableux.*
m. *Le bataillon*, *banc de trois pieds.*
n. *Les roussels.*
o. *Les heurs*, *le gros banc.*
p. *Les hauts piliers.*

Ces deux dernières assises se divisent en prismes verticaux. De là le nom de *hauts piliers* qu'on a donné à la seconde assise en raison de la hauteur des prismes.

q. r. *Les hautes urines et foies de cochon.* = *Banc de trois pieds.*
s. t. *Les pots à beurre et les crottes d'âne.*
u. *Les piliers noirs.*

Il est très-compacte.

v. *Les basses urines.*
x. *Les fusils.*

Cette dernière assise de la première masse est remarquable par les silex cornés qu'elle contient. Ces silex sont des sphéroïdes ou des ellipsoïdes très-aplatis ; ils semblent pénétrés de gypse, et se fondent dans le gypse d'une manière insensible. L'intérieur de ces sphéroïdes est souvent rempli de gypse. Ce gypse, assez homogène, fait effervescence.

y. *Gypse laminaire jaune d'ocre.*

A grandes lames mêlées de marne argileuse sablonneuse.   0.03

z. *Gypse jaunâtre friable.*

Renfermant des petits lits de marne blanche 0.93

Ici se termine ce que les ouvriers appellent *première* ou

haute-masse. Elle a environ, depuis les huîtres jusqu'aux cythérées 9
Depuis ces cythérées jusqu'au sommet de la forte masse de gypse 13
Depuis ce sommet jusqu'au-dessous des fusils 20

    T O T A L 42 (1)

 C'est dans cette masse, et probablement dans les premières assises nommées *les fleurs*, qu'on a trouvé, quoique très-rarement, des coquilles fossiles. Celle que nous possédons est noire, et appartient évidemment à l'espèce que M. de Lamark a nommé *cyclostoma mumia*.

SECONDE MASSE.

La seconde masse commence aussi par le gypse.

N° 1. *Gypse friable (pelage)* 0.24
  Effervescent.
2. *Marne calcaire feuilletée* 0.08
  Elle est friable.
3. *Gypse compacte (tête de moine)* 0.16
  Peu effervescent, quoique impur, c'est-à-dire souillé d'argile.
4. *Marne calcaire friable* 0.11
5. *Gypse saccaroïde (œuf)* 0.30
  Il est assez pur, à peine effervescent. Cette couche est exploitée.
6. *Marne calcaire compacte* 1.38
  Elle est fragmentaire, et tachée de fauve et de noir sur les parois de ses fissures naturelles.
  La partie supérieure est la plus friable. La partie inférieure beaucoup plus solide, est quelquefois séparée de la supérieure par un petit lit de marne feuilletée.

---

(1) En ajoutant à cette somme 29 mètres pour l'épaisseur de la masse de sable, on a en tout 71 mètres.

N° 7. *Marne calcaire assez compacte (faux ciel)* 0.11

Elle renferme vers sa partie inférieure de gros cristaux de sélénite en fer de lance.

8. *Marne argileuse verdâtre (souchet.)* 0.21 0.à30

Lorsqu'elle est humide elle est grisâtre, marbrée de brun; lorsqu'elle est sèche, elle est compacte dans sa partie supérieure, très-feuilletée dans sa partie inférieure.

Cette marne est vendue dans Paris sous le nom de *pierre à détacher*; elle ne fait effervescence que lentement. C'est dans cette couche que se trouvent les gros rognons de strontiane sulfatée de la seconde masse.

Ces rognons volumineux, quoique compactes, le sont moins que ceux de la première masse. On n'y voit point ces fissures tapissées de cristaux qu'on remarque dans la strontiane sulfatée de la première masse; mais on y observe un grand nombre de canaux à peu près verticaux et parallèles, quoique tortueux et à parois raboteuses. Ces canaux sont tantôt remplis de marnes et tantôt vides. Ils semblent indiquer par leur forme le passage d'un gaz qui se seroit dégagé au-dessous des masses de strontiane, et qui les auroient traversées.

Les parties de ces rognons, qui sont dégagées de marne, ne font point effervescence.

9. *Gypse impur (les chiens.)* 0.57

Il est mêlé de marne; très-effervescent.

10. *Marne calcaire compacte* 0.52

Arborisée de noir.

11. *Marne argileuse feuilletée (les foies.)* 0.25

Elle est grise, et se divise en feuillets extrêmement minces. Elle fait effervescence, mais peu vivement.

12. *Marne calcaire (.les cailloux.)* 0.50

Très-compacte, arborisée de noir.

1810.

N° 13. A.   *Marne argileuse grise.*

Très-feuilletée, à peine effervescente.

13. B.   *Gypse impur ferrugineux* 0.04

Le plan supérieur de ces couches est marqué d'ondulations semblables à celles d'une eau tranquille et toutes dirigées du S. E. au N. O.

14.   *Gypse compacte* (*les fleurs.*) 0.46

Il est effervescent dans certaines parties, pur dans d'autres. Sa partie inférieure renferme des grains arrondis de sable calcaire.

15.   *Sélénite laminaire* (*les laines.*) 0.27

Cette couche disparoît presque dans de certains endroits.

16.   *Gypse compacte* (*les moutons.*) 0.60

Il est très-beau, et donne de très-bon plâtre. Il fait effervescence.

17.   *Sélénite laminaire* (*les couennes.*) 0.18

18.   *Marne calcaire blanche* (*les coffres.*) 0.08

Elle est tendre.

19.   *Gypse et sélénite cristallisée confusément* (*gros bousin.*) 0.50

Ils sont mêlés.

20.   *Gypse très-compacte* (*tendrons du gros bousin.*) . . 0.08

A zones ondulées, mais parallèles. Il ne fait point effervescence. C'est dans cette couche compacte que se percent les trous de mine.

21.   *Gypse très-compacte* (*clicart.*) 0.06

Il est en couches minces ondulées, dont les ondulations forment non des lignes, comme dans le n° 13, mais des réseaux. Il ne fait point effervescence.

22.   *Gypse saccaroïde feuilleté* (*petits tendrons.*) . . . 0.11

Il y a de la marne jaunâtre entre les feuillets.

N° 23. *Gypse saccaroïde compacte (pilotin.)* 0.25

Effervescent. On nous a assuré avoir trouvé dans cette couche un oiseau fossile.

24. *Sélénite cristallisée (petit bousin.)* 0.20

Elle est cristallisée confusément. Le lit de la couche est composé de zones compactes ondulées semblables au clicart, et pesantes comme lui.

25. *Gypse saccoroïde (gros tendron, ou tête de gros banc.)* 0.27

Il est un peu effervescent.

26. *Gypse saccaroïde compacte (gros blanc.)* 0.08

Il est à peine effervescent.

27. *Sélénite cristallisée confusément (grignard du gros banc.)* 0.07

28. *Gypse saccaroïde compacte (les nœuds.)* 0.16

29. *Gypse impur rougeâtre (les ardoises.)* 0.08

Feuilleté, mêlé de feuillets de marne argileuse.

30. *Gypse saccaroïde compacte (les rousses.)* 0.20

Cette seconde masse ne paroît renfermer, comme on le voit, aucune coquille. Elle a en totalité, depuis les fusils jusqu'au-dessous des rousses, environ 10 mètres.

TROISIÈME MASSE.

Nous suivrons toujours, dans la détermination un peu arbitraire de ces masses, la division établie par M. Desmarets, qui est elle-même fondée sur celle des ouvriers.

N° 1. *Marne calcaire (le souchet.)* 0.32

Blanchâtre, tachetée de jaune à cassure conchoïde, souvent arborisé de noir.

2. *Marne argileuse verte feuilletée (les foies)* 0.9

3. *Marne calcaire blanche (marne dure.)* 0.03

Elle est cependant assez tendre, mêlée d'un peu de gypse.

N° 4.   *Gypse compacte (les couennes et les fleurs,)* . . .   0.32

Sa partie supérieure renferme une zone de gypse laminaire.

5.   *Gypse compacte* 0.34

Il est mêlé de marne.

6.   *Sélénite laminaire (les pieds d'alouette.)* 0.46

Elle est mêlée de gypse.

7.   *Marne argileuse feuilletée* 0.03

Verdâtre, mêlée de gypse.

8.   *Gypse compacte (pains de 14 sols.)* . . . . . .

En gros rognons dans la marne suivante.

9.   *Marne calcaire blanche*, n° 9 . . . .   0.70

10.   *Marne argileuse feuilletée verdâtre* 0.02

11.   *Marne calcaire blanche* 0.66

Sa cassure est conchoïde. Cette marne se confond avec le n°. 12. . .

12.   *Gypse compacte* . . . .

Il est mêlé de marne.

13, 14 et 15.   *Gypse compacte*. 1.40

Il est divisé par 7 à 9 zones ondulées de sélénite laminaire que les ouvriers nomment *moutons*, *tendrons* et *gros bancs*.

16.   *Marne calcaire blanche (marnes prismatisées.)* . .   0.49

A retraits prismatiques renfermant quelques débris de coquilles.

17.   *Gypse compacte (petit banc.)* 0.19

Il est comme carié.

18.   *Marne calcaire jaunâtre* 1.00

Elle est assez tendre.

La partie supérieure de ce banc remarquable renferme un grand nombre de coquilles marines, ou plutôt de moules de ces coquilles ; car la coquille proprement dite a disparu, on ne voit que le relief de la surface extérieure, tout le milieu est marne. Ces coquilles, analogues à celles de Grignon, ont été rassemblées et déterminées de la manière suivante par MM. Desmarets fils et Prévost.

Calyptrea trochiformis.
Murex pyraster.
4 *cérites.*
Turritella imbricataria.
— *terebra.*
Voluta citharea.
— *muricina.*
Ampullaria sigaretina.
Cardium porulosum.
Crassatella lamellosa.
Citherea semisulcata.
Solen vagina.
Corbula gallica.
— *striata.*
— *anatina ?*

Les mêmes naturalistes y ont trouvé en outre des oursins du genre des spatangues, différens du *spatangus cor anguinum* qu'on trouve dans la craie, et des petits oursins qu'on trouve à Grignon, et qui appartiennent au genre *clypeastre*. Ils ont retiré de cette marne des pates et des carapaces de crabes, des dents de squales (glossopètres), des arêtes de poissons et des parties assez considérables d'un polypier rameux qui a quelque analogie avec les isis et les encrines (fig. 9), et que M. Desmarets a décrit sous le nom d'*amphitoïte parisienne*.

Le lit supérieur renferme d'autres corps dont la connoissance est également due à MM. Desmarets fils et Prévost. Ce sont des pyramides quadrangulaires formées de la même marne et dont les faces sont striées parallèlement aux arêtes des bases. Ces pyramides ont jusqu'à 3 centimètres de hauteur sur une base carrée de 6 centimètres de côté. On ne doit pas considérer ces solides comme des moitiés d'octaèdre ; car leur base est tellement engagée dans la marne qu'on ne peut par aucun moyen découvrir les faces opposées qui compléteroient l'octaèdre ; mais on observe dans leur réunion entre elles une disposition très-remarquable. Ces pyramides sont toujours réunies six ensemble, de manière qu'elles se touchent par leurs faces, et que tous les sommets se réunissent en un même point. Il résulte de cette réunion un cube dont les faces ne peuvent cependant pas être mises naturellement à découvert, puisque les bases des pyramides se continuent sans interruption dans la marne, qui leur sert de gangue, et qui est absolument de même nature qu'elles.

Le milieu de la couche de marne que nous décrivons renferme des cristaux de sélénite et des rognons de gypse niviforme. Enfin la partie inférieure ne contient aucune coquille.

N° 19.	*Gypse compacte*	0.22
20.	*Marne argileuse feuilletée*	0.05
21.	*Gypse compacte (banc rouge)*	0.30
22.	*Marne calcaire blanche, friable*	0.16
23 et 24.	*Marne argileuse feuilletée (les foies).*	

Elle renferme dans son milieu un banc de gypse d'une épaisseur très-irrégulière 0.22

Cette marne, qui est feuilletée, laisse voir entre ses feuillets des empreintes brunes et brun-rouge de corps rameux applatis qui semblent être des empreintes de fucus.

25.	*Calcaire grossier dur (cailloux blancs).*	
	Il renferme des coquilles marines	0.16
26.	*Gypse impur compacte.*	
	Renfermant des coquilles marines	0.12
27.	*Calcaire grossier tendre (souchet).*	
	Renfermant des coquilles marines	0.22

Ces trois assises contiennent les mêmes espèces de coquilles ; ce sont des cérites qu'on peut rapporter au *petricolum* et au *terebrale*. Les moules de ces coquilles sont ici différens de ceux de la marne du n° 18. On y voit en creux le moule de l'extérieur de la coquille, et en relief celui de l'intérieur ou du noyau; la place de la substance même de la coquille est vide.

N° 28. *Marne argileuse feuilletée* 0.08

29. *Gypse impur.*

Il est mêlé de calcaire. 0.06

30. *Gypse compacte* (*pierre blanche*).

Il se divise par petits lits horizontaux 0.69

31. *Marne calcaire blanche.*

Nous ne connoissons pas l'épaisseur de ce lit, ni le terrain sur lequel il repose.

Cette troisième masse, mesurée en totalité à la carrière de la Hutte-au-Garde, et prise du banc de gypse le plus haut, c'est-à-dire 1 mètre au-dessus du souchet, a dans sa partie la plus haute de 10 à 11 mètres.

On voit par les détails que nous venons de donner que cette troisième masse offre plusieurs faits remarquables; la présence bien constatée des coquilles marines au milieu des marnes du gypse et du gypse même, n'est pas le moins intéressant. Ce fait avoit été annoncé par M. Desmarets, de l'Institut; il avoit été observé de nouveau par M. Coupé (1), avec des circonstances de plus; enfin, il vient d'être constaté par MM. Desmarets fils et Prevost, qui ont donné la description détaillée des couches qui renferment les coquilles, et la détermination précise de leurs diverses espèces. On ne peut donc douter que les premières couches de gypse n'aient

---

(1) « A Montmartre, au fond de la troisième masse, est une couche de craie » argileuse cassante, fendillée, épaisse de 8 à 9 pieds; dans les fragmens de » sa région supérieure sont des empreintes de divers coquillages minces et des » espèces de crustacés roux, les mêmes espèces qu'à Grignon ». (Coupé, *Journ. de phys.* brum. an 14, p. 387.)

été déposées dans un liquide analogue à la mer, puisqu'il nourrissoit les mêmes espèces d'animaux. Cela n'infirme pas l'autre conséquence que nous avons tirée sur la formation des couches supérieures ; elles ont été déposées par un liquide analogue à l'eau douce, puisqu'il nourrissoit les mêmes animaux.

Nous devons faire remarquer, 1°. que le premier banc de cette troisième masse, pris à la carrière de la Hutte-au-Garde, est plus élevé que le dernier banc de la deuxième masse, au-dessous de laquelle on a toujours cru que la troisième étoit placée ; 2°. que cette troisième masse forme une sorte de petite colline à l'ouest de Montmartre, et que nous ne sachions pas qu'on l'ait jamais vue immédiatement au-dessous de la deuxième ; 3°. que ses bancs ne sont point horizontaux, mais très-évidemment inclinés au sud-ouest, c'est-à-dire vers la plaine (1).

On a creusé dernièrement plusieurs puits et fait quelques tranchées au pied de Montmartre, et, au sud de cette butte, dans Paris même ; ce qui nous a donné les moyens de rencontrer dans d'autres points qu'à la carrière de la Hutte-au-Garde la nature et la succession des bancs qui forment sa base. Nous les avons observés au haut de la rue de la Rochechouart, au haut de la rue des Martyrs, près l'hôpital Saint-Louis, etc. Les puits

---

(1) Il ne faut point additionner l'épaisseur des trois masses pour avoir la puissance totale de la formation gypseuse : on auroit une épaisseur trop considérable ; d'ailleurs nous venons de dire que la troisième masse n'est pas, comme on l'a cru, au-dessous des deux autres.

creusés au haut de la rue de la Rochechouart nous ont donné des détails et des renseignemens précieux (1).

Détail des couches qu'on a traversées en creusant le puits situé à l'est de l'abattoir de la rue de la Rochechouart.

N.ᵒˢ des bancs.	Noms donnés par les ouvriers.		Épaisseur.
		De l'ouverture au banc, n° 1, ce ne sont que des terres rapportées...............	13ᵐ85
N° 1..	Les fleurs.........	Gypse saccaroïde jaunâtre.......	0.22
2..	Les blancs........	Gypse saccaroïde plus blanc.....	0.45
3..	Les pieds d'alouette.	Sélénite cristallisée confusément..	0.65
4..	Les chiens.........	Gypse très-marneux............	0.65
5..	Les cailloux blancs.	Marne blanche très-siliceuse, renfermant des noyaux de silex, et contenant des débris de coquilles de petits corps ovoïdes lisses, indéterminables, et des empreintes de gyrogonites............	2.0
6..	Le banc de 6 pieds.	Gypse saccaroïde blanc.........	2.0
7..	Le banc de 14 pouc.	Gypse saccaroïde rougeâtre......	0.37
8..	Les chiens rouges..	Gypse marneux avec des taches rouges.................	2.0
9..	Les foies.........	Marne très-argileuse légère, blanchâtre, feuilletée...........	0.32

(1) Nous devons la connoissance de ces détails et la suite régulière d'échantillons qu'on en a conservés, au zèle éclairé de M. Bélanger, architecte.

1801.

Nos des bancs.	Noms donnés par les ouvriers.		Epaisseur.
N° 10	La pierre blanche	Marne calcaire blanche, renfermant une quantité prodigieuse de coquilles d'eau douce, savoir : *Limneus elongatus*, *Planorbis lens*, *Gyrogonites*	0^m32
11	La caillase	(Nous n'avons pas pu avoir d'échantillon certain de ce banc)	0.65
12	Les foies	Marne très-argileuse feuilletée, grisâtre	2.0
13	Les cailloux gris	Calcaire gris très-compacte, très-homogène, analogue au calcaire siliceux, entièrement dissoluble dans l'acide nitrique	0.27
14	....	Marne et silex parfaitement semblables au n° 5	
15	....	Marne argileuse blanche, feuilletée, renfermant une grande quantité de *cyclostoma mumia*, attaquable par l'acide, mais non dissoluble.	
16	....	Calcaire gris, dur, poreux, en feuillets ondulés, renfermant une zone de quatre à cinq centimètres de moules de coquilles univalves et bivalves, non déterminables, mais reconnoissables pour être des coquilles marines. On y distingue quelques cérites.	9.42
17	....	Calcaire gris, dur, non homogène, renfermant des débris blancs de coquilles marines.	
18	....	Le même, mais plus dur, plus brun, et très-sableux, avec des taches noirâtres, comme char-	

On doit reconnoître dans ce passage intéressant du terrain gypseux et marneux d'eau douce au terrain calcaire marin, la succession de couches et de fossiles que nous avons déjà observée ailleurs. On voit, après les gypses, les marnes à limnées et planorbes, ensuite les marnes à cyclostome, qui touchent toujours le calcaire, comme on l'a vu à Mantes, à Grignon, ensuite le calcaire marin. Nous avons même un échantillon de grès marin venant du fond d'un de ces puits; mais comme le morceau est mal caractérisé, et qu'il vient d'un autre puits que de celui dont nous venons de décrire les couches, nous n'avons pu en faire une mention expresse.

En allant à l'ouest, la première colline gypseuse qu'on rencontre, et qui borde la vallée de la Seine, est celle de Sanois. C'est une colline très-élevée que l'on voit à l'horizon de presque toutes les campagnes du nord-est de Paris, et qui n'est pas moins remarquable que Montmartre par sa structure et par la puissance des couches de gypse qu'elle renferme.

Les lits y sont disposés presque de la même manière. Ainsi on trouve sur les sommets des amas épais de sables gris et rouge. Ceux de la montagne de Sanois, beaucoup plus élevée que la butte d'Orgemont, portent des meulières d'eau douce; ceux de la butte d'Orgemont, qui a à peu près la même hauteur que Montmartre, renferment des coquilles marines analogues à celles qu'on trouve dans les sables qui recouvrent le sommet de cette dernière colline.

Ces sables de diverses couleurs (n°. 1) forment un banc d'environ 12 décimètres d'épaisseur.

On trouve ensuite des couches alternatives de marnes et de gypse. Le détail ci-joint (1) prouve l'analogie qu'il

(1) 2. *Marne calcaire grise*, un peu sablonneuse, renfermant de petites huîtres. (*Ostrea lingulata*) 0.21
3. *Marne calcaire* sablonneuse plus jaune 0.33
4. Autre *marne calcaire* sablonneuse 0.21
5. *Marne calcaire grise*, renfermant des huîtres. (*Ostrea lingulata ?*) 0.08
6. *Marne argileuse feuilletée* brune 0.65
7. *Marne grise friable* remplie de coquilles 0.21
8. *Marne argileuse grise* sans coquilles . . . .
9. *Marne calcaire poreuse*, friable, jaunâtre, remplie de coquilles d'huître et d'autres coquilles marines, comme celle du n° 11 de la description de Montmartre 0.10
10. *Marne calcaire grise*, mais fragmentaire 0.08
11. *Marne argileuse feuilletée* grise 0.38
12. *Marne calcaire dure* avec quelques grandes huîtres. (*Ostrea spatulata*, ou *hippopus ?*) 0.11
13. *Marne argileuse grise feuilletée*, remplie de coquilles et veinée de sélénite cristalisé 1.2
Le milieu est moins feuilleté. Ce sont absolument les mêmes coquilles que celles de la marne, n° 4, de la description de Montmartre.
14. *Gypse* 0.80
15. *Marne argileuse grise feuilletée*, alternant avec des lits de gypse 0.65
16. *Gypse* 0.5
17. Quatre lits de *gypse impur*, alternant avec autant de lits plus minces de *marne argileuse feuilletée* brune 0.80
18. *Marne argileuse feuilletée*, renfermant de gros cristaux de sélénite en fer de lance 0.65
19. *Marne calcaire* blanche 0.33

y a entre la structure de cette colline et celle de Montmartre.

Le gypse exploité qui est au-dessous se distingue, comme à Montmartre, en première ou haute masse et en seconde ou basse masse, et ces dispositions, que nous avons plus particulièrement observées à la butte d'Orgemont et à Sanois, sont, au rapport des ouvriers, les mêmes dans toute la colline.

On doit seulement remarquer, 1°. que nous n'avons pas fait mention de strontiane sulfatée dans la marne verte ni dans celle qui est au-dessous; il paroît qu'on n'en trouve qu'entre les marnes qui séparent la première de la seconde marne; elle y est en lit mince, onduleux, et porte le nom de *clicart*.

2°. Qu'on trouve dans les marnes calcaires qui séparent les deux masses, des noyaux siliceux blancs opaques, qui sont plats, lobés et mamelonnés comme les ménilites.

En remontant vers le nord-ouest on trouve le grand

---

20. *Marne argileuse* verte.
    C'est la même que celle du banc, n° 18, de la description de Montmartre; son épaisseur est, comme à Montmartre, d'environ 4.00
21. *Marne argileuse* feuilletée jaune 2.00
    Elle renferme vers son milieu le lit mince de cythérées plates, n° 1. Il est mêlé ici de quelques cérites écrasées, et contient une couche mince de 6 à 8 millimètres de sélénite cristallisée.
22. *Gypse* 1.33
23. *Marne calcaire* dure 1.65

plateau gypseux sur lequel est placée la forêt de Montmorency. La colline proprement dite est composée de marne verte, d'une masse très-épaisse de sable argiloferrugineux sans coquilles, et enfin d'une couche mince de meulière d'eau douce. Entre les marnes et le sable, se présentent dans quelques points, et notamment dans la colline de Montmorency, les huîtres qui recouvrent toujours ces marnes.

Le plâtre est très-peu élevé au-dessus du niveau de la plaine; il y a des carrières tout le long de la côte, depuis Montmorency jusqu'à Frepillon. Les ouvriers y reconnoissent deux masses. La masse supérieure a généralement de 3 à 4 mètres. C'est à Saint-Prix qu'elle est la plus puissante. Un ouvrier nous a assuré qu'elle avoit jusqu'à 16 mètres d'épaisseur. On trouve des os de mammifères dans ces couches, comme dans celles de la première masse de Montmartre.

Les marnes argileuses vertes qui recouvrent le plâtre sont très-peu épaisses, en sorte que les collines très-élevées qui composent cette chaîne sont presque entièrement formées de sable siliceux rougeâtre, souvent mêlé d'argile.

Avant d'arriver à Saint-Brice, on voit à gauche de la route la dernière carrière à plâtre de la colline de Montmorency. Elle ne représente qu'une masse à peine recouverte par quelques mètres de marnes blanches, jaunes et verdâtres, en couches minces et sans coquilles. On a trouvé des os fossiles dans la masse de gypse.

On doit regarder comme suite ou appendice de cette

longue colline les buttes de Groslay, de Pierrefitte et d'Écouen. La structure de la butte de Pierrefitte est la même que celle du coteau de Montmorency. Les carrières de gypse sont situées à son pied, et presque au niveau de la plaine. La masse a environ 7 mètres d'épaisseur. On n'y a pas rencontré d'os fossiles. Au-dessus on trouve les marnes vertes recouvertes de sables et de grès sans coquilles. Plus à l'ouest, mais à l'est de Garges, est une élévation très-sensible dans laquelle on exploite du plâtre.

La butte de Sarcelle tient à celle de Pierrefitte. Le plâtre n'en est pas exploité; mais ses masses d'argile verdâtre alimentent de fortes briqueteries établies sur le bord de la route.

La butte d'Écouen est comme isolée. Les carrières de plâtre qui sont voisines de Villiers-Lebel sont situées, comme dans les autres coteaux de cet arrondissement, presque au niveau de la plaine. La masse a 3 ou 4 mètres d'épaisseur, et renferme des os fossiles ; elle est recouverte par des lits puissans de marnes blanches et de marnes argileuses verdâtres qui alternent entre elles et avec des marnes jaunes. On retrouve, au-dessous de ces bancs de marne, les coquilles d'huître qui appartiennent à la formation gypseuse et qui la caractérisent, et enfin les sables qui la surmontent.

Enfin, en allant plus au nord, on arrive aux collines qui bordent la bande gypseuse de ce côté. Ce sont les buttes de Châtenay, de Mareil et la colline qui domine Luzarche, et qui porte Epinay et Saint-Martin-du-

Tertre. On exploite du plâtre dans plusieurs points de ces buttes et collines ; mais nous n'avons aucun détail sur ces carrières.

Les dernières buttes de plâtre du côté de l'ouest sont celles de Cormeilles, Marines et Grisy. Ces buttes appartiennent à la deuxième ligne. Le plâtre n'y forme qu'une masse qui, au rapport des ouvriers, a de 6 à 7 mètres de puissance ; elle est recouverte de marnes blanches, de marnes vertes et d'un banc assez puissant de sable et de grès à coquilles marines. Cette disposition est la même dans les trois collines qu'on vient de nommer; mais il n'y a pour l'instant que la butte de Grisy où le plâtre soit exploité. Le vallon entre Grisy et Cormeilles est rempli de fragmens de calcaire et de silex à coquilles d'eau douce.

En montant vers le sud on trouve la colline qui borde la rive droite de la Seine à Triel, et qui s'étend de Chanteloup à Évêquemont. Cette longue colline termine à l'ouest la bande des collines gypseuses, et présente à peu près la même disposition que toutes celles qui appartiennent à la seconde ligne de ces collines. Nous avons déjà décrit, à l'article de la formation calcaire, la base de cette colline creusée de nombreuses carrières de calcaire marin. C'est à mi-côte que se voient les carrières de pierre à plâtre, très-importantes par leur situation sur le bord de la Seine.

Le sommet de la colline est composé d'une masse puissante de meulière et de silex d'eau douce renfermant un grand nombre de limnées, de planorbes et de gyrogonites très-bien conservés.

On

On trouve ensuite les grès qui ne renferment aucune coquille, et qui recouvrent les marnes qui viennent après. On voit d'abord, comme à l'ordinaire, les marnes sablonneuses qui renferment les huîtres, puis les marnes argileuses vertes.

L'entrée des plâtrières est à mi-côte; elles sont très-étendues. Il y a 7 à 8 mètres de masse gypseuse dans laquelle on trouve des os fossiles. On observe au-dessous de cette masse, en descendant la côte, et par conséquent entre le gypse et le calcaire, les couches de marnes et de gypse dont nous donnons ci-dessous l'énumération détaillée (1).

			mètres.
(1) 1.	*Gypse tendre*, rempli de masses solides, environ		1.00
2.	*Marne calcaire* blanche		0.32
3.	*Argile brune feuilletée*		0.16
4.	*Marne blanche*		0.16
5.	*Argile brune feuilletée*, analogue à ce qu'on appelle les *foies* à Montmartre		0.11
6.	*Gypse argileux*		0.16
7.	*Marne calcaire* grise, dure		0.4
8.	*Gypse argileux*		0.05
9.	*Marne blanche* friable		0.05
10.	*Marne grise* dure		0.05
11.	*Marne calcaire* dure à cassure spathique dans quelques points, infiltrée de silice, et renfermant de petits cristaux de quartz. La couche est inégale; son épaisseur moyenne est de		0.11
	Cette marne, analogue à celle de Neuilly, etc., qui renferme des cristaux de quartz, indique, comme nous l'avons fait observer plusieurs fois, les premières assises de la formation du calcaire marin.		
12.	*Marne calcaire* dure, mais cependant fissile		0.24

On voit qu'on compte environ vingt-trois lits plus ou moins épais de marnes gypseuses, calcaires, argileuses, sablonneuses, entre la formation gypseuse proprement dite et la formation du calcaire marin caractérisée par les coquilles de mer qu'il contient. Ces marnes intermédiaires ne renfermant aucun fossile caractéristique, on ne sait à quelle formation les attribuer; mais quoique la succession de leurs lits soit sujette à varier dans ses détails, on trouvera des points de ressemblance nombreux dans la position respective des couches les plus différentes et les plus reconnoissables, si on veut comparer la description que nous venons de donner avec celle que nous avons donnée des marnes qui recouvrent les diverses carrières de calcaire marin que nous avons décrites. On y retrouvera, par exemple, dans la même position respective, le calcaire spathique à cristaux de

13.	Marne calcaire dure sablonneuse	0^{m}64
14.	Marne argileuse grise feuilletée	0.11
15.	Calcaire sablonneux avec des points noirs	0.5
16.	Marne calcaire friable blanche et prismatique . . .	0.22
17.	Marne calcaire feuilletée sablonneuse	0.27
18.	Argile grise feuilletée	0.03
19.	Calcaire friable prismatique	0.32
20.	Argile grise feuilletée	0.05
21.	Sable aggluginé avec infiltration calcaire et ferrugineuse, devenant vers le bas plus friable et plus fin	1.0
22.	Calcaire compacte, mais marneux. On n'a pas pu en mesurer l'épaisseur.	
23.	6 à 7 mètres plus bas on voit du calcaire dur, mais cependant comme poreux et tufacé, et 6 à 7 mètres encore plus bas, se trouve le calcaire marin coquillier.	

quartz, la marne calcaire dure fragmentaire, la couche de sable ferrugineux agglutiné et les petits lits de marne argileuse feuilletée.

Art. II. — *Terrain entre Seine et Marne.*

En reprenant la description de la seconde division du terrain que nous examinons, par son extrémité orientale, nous retrouvons aux environs de la Ferté-sous-Jouarre, sur la rive gauche de la Marne, des buttes gypseuses absolument semblables par leur structure à celles de la rive droite, que nous avons décrites au commencement de l'article premier. Ces buttes, la plupart exploitées, sont celles de Villaré au sud de Vitry, de Tarteret à l'est de la Ferté, de Jouarre, de Barusset au sud de Saint-Jean-les-Deux-Jumeaux, et plus à l'ouest, en allant vers Meaux, les petites buttes de Dieu-l'Amant, de Baubry, de Boutigny et de Nanteuil-les-Meaux.

On trouve ensuite, en allant toujours vers l'ouest, les plâtrières de Quincy. On y voit les marnes argileuses vertes qui recouvrent ordinairement le plâtre, et au-dessus le terrain siliceux d'eau douce. Les couches gypseuses renferment des os fossiles; ce qui doit faire supposer qu'elles appartiennent à la première masse.

La colline d'Ebly appartient à la formation gypseuse. Il y a de ce point, jusqu'auprès du confluent de la Marne avec la Seine, une grande étendue de terrain sans plâtre; mais on doit remarquer que le calcaire marin disparoît également, et que ces deux formations reparoissent en même temps près de Creteil.

La colline qui domine Creteil, au sud-est et au pied de laquelle se voit le hameau de Mesly, fait partie de la formation gypseuse. Le sommet de cette colline domine de quelques mètres l'entrée des plâtrières. On trouve d'abord des marnes argileuses vertes, des marnes calcaires dures et des rognons de gypse cristallisé, vulgairement nommés *grignard*.

On y reconnoît ensuite les trois masses. La première est à 30 mètres de profondeur ; elle avoit 1 mètre seulement de puissance : elle est maintenant épuisée. La seconde est à 34 mètres ; elle a environ 1 mètre 15 centimètres de puissance. La troisième, qui est à 38 mètres de profondeur, a 1 mètre 3 décimètres d'épaisseur ; c'est elle qu'on exploite actuellement. Elle est composée de deux bancs distincts. Ces masses sont séparées par des lits de marne feuilletée. On n'a point encore trouvé d'os fossiles dans ces couches de gypse.

On ne connoît au sud de la ligne que nous venons de parcourir aucune carrière de plâtre, ni même aucune colline qui puisse être regardée comme appartenant à cette formation.

Art. III. — *Rive gauche de la Seine.*

La rive gauche de la Seine présente une vaste étendue de terrain qui appartient à la formation gypseuse. On n'y retrouve pas du plâtre dans tous ses points ; mais partout on y voit les marnes vertes, les cristaux de sélénite, et souvent même les huîtres et les masses de strontiane sulfatée qui caractérisent cette formation. La carte en fait voir l'étendue. Nous ne parlerons donc que de quelques lieux plus remarquables que les autres.

La superposition du gypse sur le calcaire est encore très-évidente dans ce canton. Ainsi, dès qu'on monte à Thiais, à Villejuif, à Bagneux, à Châtillon, à Clamart, on quitte le plateau calcaire et on s'élève sur le terrain gypseux.

Les premières carrières sont celles de Villejuif. On y voit les huîtres, les marnes vertes, les strontianes sulfatées et des bancs de gypse exploitables.

Il y a également du gypse vers l'extrémité occidentale de ce plateau, dans le vallon de Meudon, sur le chemin de ce village aux Moulineaux; mais on ne l'a pas exploité.

En suivant les pentes de ce même plateau, on trouve les plâtrières de Bagneux, de Châtillon et de Clamart, qui forment la première ligne de ce côté, et qui se ressemblent dans tous les points : en décrire une, c'est faire connoître les autres.

Il y a 20 mètres environ de l'ouverture des puits à la première masse, c'est-à-dire des marnes à la masse exploitée; car on se garde bien de traverser les sables qui, plus au sud ou à l'ouest, recouvrent les formations gypseuses. On trouve d'abord les marnes grises et jaunes sablonneuses renfermant des coquilles fossiles d'huître, comme à Montmartre. La masse de gypse varie beaucoup d'épaisseur; elle est, d'après le rapport des ouvriers, mince sur les bords des côteaux, et elle diminue même tellement d'épaisseur qu'elle ne vaut plus les frais d'exploitation ; mais vers le milieu elle a jusqu'à 6 mètres de puissance.

C'est dans ce canton et dans le village de Fontenay-aux-Roses qu'on a traversé toute la masse de gypse, et qu'on a pénétré jusque dans la formation calcaire, en creusant un puits, ainsi que nous l'avons annoncé dans le premier chapitre. Ce puits étant terminé et muraillé lorsque nous l'avons examiné, nous n'avons pu avoir une connoissance exacte des couches qu'on a traversées ; nous avons été obligés de nous en fier aux rapports qu'on nous a faits, constatés par les déblais que nous avons vus sur le sol. Il en résulte qu'on a d'abord traversé une couche de sable de 3 mètres, puis des marnes sablonneuses renfermant des huîtres, environ un mètre ; ensuite 4 à 5 mètres de marne verte et du mauvais gypse ; enfin des couches nombreuses et épaisses de marnes, puis encore du gypse. On a alors trouvé ce calcaire tendre qu'on nomme *mauvais moellons*, et on est arrivé au calcaire dur coquillier appelé *roche*. C'est à 56 mètres qu'on a rencontré cette pierre et qu'on a trouvé de l'eau ; mais, depuis cette époque, nous nous sommes assurés d'une manière encore plus précise de cette superposition, et nous avons pu voir clairement le passage de la formation gypseuse à la formation du calcaire marin. Nous sommes descendus dans une des carrières de pierre calcaire la plus voisine de Bagneux ; et quoique la position gênante où on se trouve dans ces puits ne nous ait pas permis de détailler toutes les couches de marne qu'on avoit traversées pour arriver au calcaire, nous avons pu faire les observations suivantes.

Le calcaire exploité se trouve dans ce puits à environ 22 mètres de la surface du sol; il est recouvert par des bancs alternatifs de marne calcaire blanche peu solide, et de marne argileuse feuilletée : ces derniers sont très-minces. Au milieu de ces bancs nous avons reconnu un petit lit de gypse dur, de 2 à 3 centimètres d'épaisseur; il porte sur l'une de ses surfaces des empreintes de coquilles marines difficiles à déterminer, mais qui nous ont paru appartenir à des lucines et à des cérites. Nous n'avons point vu la couche de marne verte, et les ouvriers nous ont assuré qu'elle n'existoit pas ici.

Avant d'arriver au calcaire marin on trouve un banc de sable gypseux d'environ 5 décimètres d'épaisseur; il contient aussi des coquilles marines; on peut même y reconnoître très-distinctement des cérites tuberculées, quoiqu'elles soient très-friables et presque toujours brisées. Le même banc renferme en outre de petits rognons blancs de strontiane sulfatée; il est soutenu par une couche de gypse impur, épaisse d'un décimètre environ. Ce gypse, quelquefois très-dur, forme un assez bon ciel à la carrière; mais dans d'autres endroits il est friable et rubané de blanc et de fauve. Il repose presque entièrement sur le calcaire marin, car il n'en est séparé que par un lit mince de 2 à 3 centimètres de marne très-argileuse.

Le premier banc de calcaire qui se présente au-dessous de lui appartient au lit que les ouvriers appellent *roche*, et qui est principalement caractérisé par les cérites, les ampulaires, les lucines et les bucardes qu'il renferme. C'est une pierre très-solide et d'une fort bonne qualité.

Nous avons reconnu dans les lits de sable argileux et de sable calcaire qui précèdent le gypse dans la butte de Clamart, un lit qui renferme une grande quantité de cérites et d'autres coquilles marines.

De Bagneux à Antony nous ne connoissons pas d'exploitation régulière de gypse : il paroît que les couches y sont trop minces ; mais on y voit les marnes du gypse et les huîtres qui les caractérisent.

Nous avons reconnu, près du château de Sceaux, les huîtres dans des sables argileux, et près des cascades on voit les marnes vertes et les sphéroïdes de strontiane sulfatée.

A Antony, l'entrée des carrières à plâtre est au plus à 10 mètres au-dessus du fond de la vallée ; d'où il résulte, comme les détails suivans (1) vont le prouver,

(1) 1.   *Terre franche*, et au-dessous une couche de *silex* . . $6^m 20$
   2.   *Marne grise* . . . .
   3.   *Marne feuilletée* brune, au milieu de laquelle est un lit d'argile sablonneuse rouge 0.33
   4.   *Marne brune* onctueuse au toucher (pain de savon) . . 1.0
   5.   *Marne grise* assez dure 1.0
   6.   Premier banc de *gypse* assez bon (dits *banc des hauts*) . 1 à 1.15
   7.   *Marne grise* 0.27
   8.   *Marne blanche* environ 0.07
   9.   Deuxième banc de *gypse*, il est grenu, d'un brun foncé
      (dit *plâtre bleu*) 0.27

                                                         4.29

que

que les couches de gypse sont beaucoup inférieures au lit de la Bièvre.

En suivant la Bièvre et pénétrant dans la vallée, on reconnoît partout, au niveau du fond de cette vallée, les marnes vertes renfermant les grands cristaux de gypse et des masses volumineuses de strontiane sulfatée à retraits prismatiques.

C'est à cette vallée que se terminent les lits de gypse susceptibles d'exploitation. Il y a bien encore sur la rive droite de la Bièvre une assez grande étendue de terrain appartenant à la formation gypseuse; mais le plâtre y est ou trop peu abondant ou trop enfoncé au-dessous du

	Report	4.29
10.	*Marne blanche*	0.03
11.	Troisième banc de *gypse*, mêlé de marne blanche . . .	0.16
12.	Autre *marne blanche*	0.03
13.	Un autre petit lit de *marne grise* dure, mêlée de gypse .	0.03
14.	*Marne brune feuilletée*	0.08
15.	*Marne grise feuilletée* (nommée *souchet*). On y a trouvé des os fossiles	0.33
16.	*Marne calcaire* blanche très-dure	0.16
17.	Quatre lits de *marnes grises* ou brunes, formant ensemble environ	0.50
18.	Enfin la pleine masse de *gypse*, que les ouvriers sous-divisent en sept lits, auxquels ils donnent différens noms. C'est dans cette masse qu'on a trouvé le plus d'os fossiles . Cette masse pose sur un plancher de marne.	2.50
		8.11 (1)

(1) Cette épaisseur, déduite de rapports d'ouvriers, ne s'accorde pas avec celle qui résulte des mesures que nous avons prises nous-mêmes, depuis cette époque, avec le baromètre.

niveau des eaux, pour qu'on puisse l'exploiter avec avantage.

Nous avons été examiner la disposition du terrain à Longjumeau, dans la vallée de l'Yvette, et la profondeur de cette vallée nous a permis d'étudier avec détail la succession des couches supérieures de la formation gypseuse dans ce lieu.

Lorsqu'on commence à descendre, on remarque des deux côtés du chemin une masse considérable de sable dans laquelle la route est creusée. Ce sable renferme un grand nombre de silex et de meulières d'eau douce qui contiennent des planorbes, des lymnées, des potamides et d'autres coquilles fluviatiles, et en outre des empreintes de tiges de végétaux, et des graines mêmes assez bien conservées ; on y trouve aussi des bois changés en silex (1).

A l'ouest est une autre sablonnière un peu plus basse que la précédente ; on n'y trouve pas de bois pétrifié, mais des pierres calcaires, sablonneuses, presque fissiles et d'un gris bleuâtre : ces pierres sont pleines d'empreintes noirâtres de feuilles et de tiges qui paroissent avoir appartenu à des graminées aquatiques ; elles répandent par le choc une odeur fétide.

On retrouve ensuite un sable jaunâtre (n° 1), veiné de blanc et de cramoisi. Cette couche renferme dans sa partie inférieure des coquilles très-friables des genres tellines, lucines, corbules, cérites et même des huî-

---

(1) Voyez la figure et la détermination de ces différens fossiles dans le Mémoire cité plus haut, *Annales du Muséum*, t. XV, p. 381.

tres (1), mais de l'espèce de celles qu'on trouve à Grignon, et non de celles qu'on trouve à Montmartre, dans le sable jaune argileux. On y voit aussi des balanes et des dents de squale. Il n'y a pas de doute que cette couche ne corresponde, par sa position et par les fossiles qu'elle renferme, au banc de sable du sommet de Montmartre, de Mesnil-Montant, d'Orgemont près Sanois, etc.

Viennent ensuite les petites huîtres noirâtres (n°2) analogues à celles qui précèdent les marnes vertes à Montmartre (*ostrea lingulata*); ici elles sont mêlées de noyaux pierreux du *cytherea nitidula*. Nous avons trouvé au-dessous d'elles une dent de squale et un lit de marne blanche de 22 centimètres d'épaisseur, tout percé de vermiculaires; puis une nouvelle couche (n° 3) d'huîtres d'une très-grande dimension (2) (elles ont jusqu'à 15 centimètres de longueur), formant un lit de 0.8 d'épaisseur; du sable gris-jaunâtre, 0.65, renfermant des moules de coquilles très-nombreux, et enfin un lit mince d'argile feuilletée d'un gris-brun.

On rencontre peu après les marnes vertes avec la

---

(1) *Patella spirirostris.*
    Cytherea nitidula, analogue à la variété qu'on trouve à Montmartre, etc.
    — *lævigata.*
    Corbula striata.
    — *gallica.*
    — *rugosa.*
    Cerithium plicatum.
    Murex clathratus, etc.
(2) *Ostrea hippopus, pseudo-chama.*

strontiane sulfatée qui les accompagne constamment : au-dessous paroît la petite couche d'argile jaune feuilletée qui renferme ordinairement les cithérées ; mais nous n'avons pu les découvrir ici. Enfin viennent les marnes calcaires blanches, les marnes jaunâtres et d'autres marnes blanches que nous n'avons pu suivre, parce que le gazon et la culture recouvrent tout dans cette partie dont la pente est moins rapide ; mais nous avons appris qu'on avoit fait à Longjumeau, au bas de la descente du chemin venant de Paris, des fouilles pour y trouver le gypse. On l'y trouve en effet, et on l'eût exploité si l'eau, très-abondante dans le fond d'une vallée aussi profonde, n'eût rendu les travaux trop dispendieux.

En traversant Longjumeau et remontant du côté de Balainvillers, on trouve à peu près les mêmes couches que celles que nous venons de décrire.

A Juvisy on voit encore les huîtres, l'argile verte, la strontiane sulfatée ; mais le gypse très-enfoncé, comme à Longjumeau, n'est plus visible.

Essone est le dernier point au sud où paroisse encore la formation gypseuse. Elle n'y est plus représentée que par les marnes vertes et par quelques traces de strontiane sulfatée. C'est ici que commence le terrain de calcaire siliceux.

Il paroît cependant que la formation gypseuse, représentée par les marnes vertes, s'étend sur toute la Beauce, et que c'est aux marnes du gypse qu'il faut rapporter la couche de glaise qu'on trouve partout dans ce pays au-dessous du sable qui en forme la surface.

En revenant vers le nord, et remontant la vallée de Bièvre, on peut suivre sans interruption la formation gypseuse jusque dans le vallon de Versailles et dans celui de Sèvres. Dans ce dernier on a reconnu sur les pentes de Chaville et de Viroflay les marnes vertes; elles sont employées à faire des briques et des tuiles, et celles de ce dernier village ont été long-temps les seules qu'on pût employer avec succès pour en faire les étuis ou gazettes dans lesquelles on cuisoit à la manufacture de Sèvres la porcelaine appelée *tendre*. On a même exploité du gypse sur les hauteurs de Ville-d'Avray, mais on n'a pas obtenu assez de bénéfice de cette exploitation pour la continuer.

M. Defrance a trouvé à la suite de ce même coteau, et près de Roquencourt, des morceaux de calcaire marneux arrondis d'un seul côté, comme s'ils avoient été usés en place par les eaux. Ces pierres sont coquillières et percées par des pholades qu'on y voit encore. On trouve sur quelques-unes des huîtres fossiles qui y adhéroient naturellement et qui y adhèrent encore. Ces huîtres, qui sont celles des marnes du gypse, nous ont fait reconnoître que ces pierres n'appartenoient pas à la formation du calcaire marin, mais plutôt à celle du gypse; elles nous indiquent en outre par leur forme, par les coquilles qui les ont percées et par celles qui y adhèrent, qu'elles faisoient partie d'un rivage de l'ancienne mer.

En descendant de Versailles dans le grand vallon qui court du sud-est au nord-ouest, et qui se jette dans la vallée de la Maudre, on retrouve encore les couches supérieures de la formation gypseuse. Près de la ménagerie, et à trois ou quatre mètres au-dessous d'une sablonnière qui est sur le bord de la route, on voit presque à la surface du sol les coquilles marines qui recouvrent le terrain gypseux, c'est-à-dire des huîtres semblables à celles de Montmartre, et placées comme elles dans un sable argileux grisâtre; des cythérées, des cérites (1) et même des glossopètres et des fragmens épars de fer limoneux.

Les marnes vertes et les huîtres qui précèdent les différentes coquilles marines des marnes qui recouvrent le gypse telles que, les *cerithium conoidale*, *plicatum*, etc., se montrent encore en face de la grille du parc de Pontchartrain, au bas du même plateau près du moulin de Pontel, dans un ravin auprès du moulin de la Richarderie, et dans beaucoup d'autres points au pied de la colline qui porte Neaufle-le-Vieux, les Bordes, etc., en suivant les pentes méridionales du plateau de la forêt de Marly qui borde au nord le vallon de Versailles, on retrouve dans beaucoup de points les marnes vertes, et notamment au-dessus des villages de Saint-Nom, de Crepières et d'Herbeville. On remarque la même disposition sur les pentes septentrionales du

---

(1) *Ostrea lingulata.*
Cytherea nitidula. Variété des gypses.
Pectunculus angusticostatus ? mais beaucoup plus petit.
Cerithium cinctum.
— *plicatum.*

même plateau. La carte indique les lieux où l'on connoît et où l'on exploite des marnes vertes pour en faire de la tuile.

Mais entre ce plateau et la Seine il y a deux buttes qui offrent la formation gypseuse complète; ce sont les collines de Fresne et le Mont-Valérien.

Nous n'avons aucun détail à donner sur la colline de Fresne qui est au-dessus de Médan. Le Mont-Valérien, qui terminera la description du terrain gypseux, est une butte conique isolée, semblable par sa forme à celle de Montmartre. Elle n'appartient cependant pas à la même ligne de gypse; mais elle fait partie de la seconde ligne du sud, qui comprend Bagneux, Clamart, etc. Elle est située, comme toutes les buttes de gypse de cette ligne, sur un plateau calcaire épais et très-relevé, et n'est composée comme elles que d'une masse de gypse.

La description que nous en donnons ci-dessous fait voir que la disposition générale de ses couches est d'ailleurs la même.

Le sommet de la montagne offre une masse de sable rouge et jaune d'une épaisseur considérable. Nous n'y avons vu aucune coquille. On trouve au-dessous la couche de sable argileux grisâtre qui renferme les coquilles d'huîtres, puis les couches suivantes de marne et gypse (1):

---

(1) 1.   *Marne grise*, environ 0.28
    2.   *Marne blanche* feuilletée 0.00

Nous n'avons pu déterminer l'épaisseur de la dernière masse de marne, ni par conséquent savoir précisément comment se fait ici le passage de la formation gypseuse

3.	*Marne grise*	0.05
4.	*Marne calcaire blanche*, avec un filet argileux ...	0.16
5.	*Marne blanche* un peu verdâtre en haut	0.4
6.	*Marne verte*	0.65
7.	*Marne calcaire* blanche	0.11
8.	*Marne grise* rayée de jaune	1.00
9.	*Marne blanche*	0.8
10.	*Marne verte* feuilletée	0.00
11.	*Marne blanche*	0.33
12.	*Marne verte* feuilletée	0.33
13.	*Marne blanche*	0.33
14.	*Marne verdâtre* peu feuilletée, fendillée	1.0
15.	*Marne blanche* fendillée, mêlée de filets gypseux jaunes	1.3
16.	*Marne feuilletée*	0.4
17.	*Gypse* mêlé de marne calcaire	0.11
18.	*Marne grise* feuilletée	0.19
19.	*Marne blanche*	0.44
20.	*Gypse* mêlé de marne	0.40
21.	*Marne calcaire feuilletée*, mêlée de gypse	0.52
22.	Masse de *gypse* composée d'environ dix-sept lits, auxquels les ouvriers donnent des noms différens, et formant une épaisseur d'environ	7.00
	Du septième au quinzième lit inclusivement on trouve des os fossiles. Ce gypse est généralement plus tendre que celui de Montmartre.	
23.	Immédiatement au-dessous de la masse de gypse on trouve un *calcaire à grain fin*, environ	0.14
24.	*Argile jaune*	0.06
25.	*Argile* d'un gris brun et légèrement feuilletée	0.16
26.	*Marne argileuse blanche*	0.20
27.	*Marne argileuse brune*.	

à

à la formation calcaire; mais les coquilles marines qu'on voit à Montmartre, dans le fond de la troisième masse, celle que nous avons vu dans les couches de gypse et de marne gypseuse qui recouvrent, près de Bagneux, la formation calcaire, les petits lits et les rognons calcaireo-gypseux qu'on observe dans les dernières assises des marnes du calcaire grossier (1), nous indiquent qu'il n'y a point eu d'interruption complette entre la formation du calcaire marin et celle du gypse d'eau douce; que les couches inférieures du gypse, déposées dans une eau marine, comme le prouvent les coquilles qu'elles renferment, forment la transition entre le terrain de calcaire marin et le terrain d'eau douce qui l'a suivi. Cette transition est difficile à concevoir; mais si les observations de nos prédécesseurs et les nôtres sont exactes, les faits ne nous permettent guère d'en douter. Au reste, la plupart des géologues de la savante école de Freyberg reconnoissent entre les formations les plus distinctes dans leurs extrêmes, ces nuances dans les points de contacts qui leur ont fait établir la classe des terrains de transition; en sorte qu'on peut dire que la séparation brusque qui existe aux environs de Paris, entre la craie et le calcaire grossier, est plutôt une singularité et une exception aux règles ordinaires, que le passage insensible du calcaire et du gypse marin au gypse et aux marnes d'eau douce.

---

(1) On voit, dit fort bien M. Coupé, les restes du gypse dans les marnes du calcaire; seulement il auroit dû appeler *ces restes* les *commencemens*.

La description détaillée que nous venons de donner du terrain gypseux des environs de Paris, en prouvant par des faits nombreux et pour ainsi dire par une énumération complette des parties, les lois de superposition que nous avons établies dans le premier chapitre de ce Mémoire, fait connoître en outre une autre règle dans la disposition des collines gypseuses entre elles.

On doit remarquer que la bande gypseuse a une direction générale du sud-est au nord-ouest, et que les lignes de collines qu'on peut y reconnoître suivent à peu près la même direction. On observe de plus que les buttes et les collines qui sont dans le même alignement, ont la même composition. Ainsi la série intermédiaire dans laquelle entrent les buttes de Montreuil, Mesnil-Montant, Montmartre, Argenteuil et Sanois, est la plus épaisse et présente d'une manière distincte au moins deux couches de gypse dont la première a une grande puissance.

La seconde ligne au nord, composée des collines de Quincy, Carnetin, Chelle, Pierrefitte, Montmorency, Grisy et Marines, ne renferme qu'une ou deux couches un peu enfoncées sous le sol, et recouvertes de moins de marnes, mais d'une plus grande masse de sable que la première. La couche principale de gypse est encore puissante, et l'exploitation, qui en est facile, a rarement lieu par puits; elle se fait ordinairement à tranchée ouverte, comme dans la première ligne.

La troisième ligne n'est plus composée que de petites buttes isolées, mais très-multipliées. Il n'y a qu'une couche de gypse, et cette couche peu puissante, et placée assez profondément par rapport à la surface générale du sol où elle est située, ne paieroit pas les frais qu'occasionneroient les déblais d'une exploitation à ciel ouvert : aussi presque toutes les carrières sont-elles exploitées par puits. Telles sont celles des environs de Laferté-sous-Jouarre, celles de Meaux au nord-ouest de cette ville, et enfin celles de Dammartin et de Luzarches.

Au sud de Paris et de la ligne principale on peut reconnoître une première ligne composée des collines de Mesly, Villejuif, Bagneux, le Mont-Valérien et Triel. La plupart de ces carrières n'offrent qu'une couche de gypse située assez profondément au-dessous d'une grande épaisseur de sable : aussi sont-elles presque toutes exploitées par puits ou par galeries.

La seconde ligne de gypse du midi est si mince que l'exploitation en a toujours été abandonnée après quelques tentatives ; quelquefois même la formation gypseuse ne se manifeste que par des marnes vertes et par les cristaux de gypse et de strontiane sulfatée qu'on y trouve. On la voit à Longjumeau, à Bièvre, à Meudon, à Ville-d'Avray, dans le parc de Versailles et sur les penchans nord et sud de la grande colline sableuse qui va du sud-est au nord-ouest, depuis Ville-d'Avray jusqu'à Aubergenville ; elle suit la direction dominante des collines de ces cantons.

Nous reviendrons sur cette direction lorsque nous parlerons de la formation des sables supérieurs.

SEPTIÈME FORMATION.

Grès et sable sans coquille.

Ce terrain, qui constitue en totalité ou en très-grande partie les sommets de presque tous les plateaux, buttes et collines des cantons que nous décrivons, est tellement répandu, qu'une carte peut seule faire connoître les lieux où il se trouve et la circonscription des terrains qu'il forme. Sa structure assez uniforme n'offre que très-peu de particularités intéressantes.

On le voit au nord de la Seine, et, en allant de l'est à l'ouest, dans les lieux suivans :

A l'ouest de la Ferté-sous-Jouarre, immédiatement au-dessus du calcaire.

Presque toute la forêt de Villers-Cotterets est sur le grès qui est séparé du calcaire marin par des lits nombreux de marnes calcaires mêlées dans les parties inférieures de quelques lits minces de gypse.

De Levignan à Gondreville il forme de longues collines qui se dirigent du sud-est au nord-ouest.

Au sommet de la butte de Dammartin, c'est un sable rougeâtre recouvert de meulière d'eau douce.

Sur la droite de Pontarmé on remarque de nombreuses buttes de sable blanc.

Les parcs de Morfontaine et d'Ermenonville doivent

aux bancs et aux masses de grès qu'ils renferment une partie de leurs beautés pittoresques.

Plus au nord-ouest, la forêt de Hallate est couverte de grès. La butte d'Aumont, sur son bord septentrional, est composée d'un sable blanc quartzeux très-pur, exploité pour les fabriques de glace, de porcelaine, etc.

Aux environs du Mesnil-Aubry, on trouve dans la plaine des bancs de grès qui forment le plateau au-dessous du calcaire d'eau douce. Ces grès semblent être plus bas que les autres; mais ce plateau est déjà assez élevé, puisqu'on monte de toutes parts pour y arriver.

Le grès qu'on voit en descendant à Vauderlan, est recouvert de marnes calcaires mêlées de silex.

En approchant de Paris on remarque que toutes les collines gypseuses sont surmontées d'un sable rougeâtre quelquefois recouvert de grès marin.

Les bois de Villiers-Adam, de Mériel, etc., offrent des bancs et des blocs de grès.

Les grès dont on pave la route de Meulan à Mantes, se prennent dans les bois qui couvrent les sommets des collines du bord septentrional de la route, du côté des Granges.

Plus à l'ouest, les buttes et collines de Neuville, de Serans, de Montjavoult, etc. etc. sont en sable souvent mêlé de grès.

Entre Seine et Marne les terrains de sables et de grès sont beaucoup plus rares; nous n'en connoissons qu'à la descente de la Ferté-Gauché et près la Seine, sur les hauteurs à l'est de Melun et sur celles de Samoineau. Dans ces deux derniers lieux le grès est placé sur le calcaire siliceux.

Au sud de la Seine, et toujours dans la direction du sud-est au nord-ouest, le sable et le grès recouvrent la plus grande partie des terrains compris dans notre carte, et se prolongent au sud bien au-delà des limites que nous nous sommes prescrites. Ils forment, comme nous l'avons dit, tout le sol de la Beauce; mais cette même nappe, avant de prendre cette étendue, recouvre les sommets de quelques buttes et de quelques collines isolées.

Le sable se montre d'abord au sommet du Mont-Valérien, en couches jaunes et rougeâtres.

Vient ensuite la longue colline plate à son sommet, qui s'étend de la Mauldre à la vallée de Sèvres, et qui porte la forêt de Marly (1). Le sable y forme une masse fort épaisse. Il est très-micacé dans quelques endroits, et notamment près de Feucherolles et d'Herbeville. Le mica est même si abondant dans ce lieu qu'on l'en extrait depuis long-temps pour le vendre aux marchands de papiers de Paris, sous le nom de *poudre d'or*, pour sécher l'écriture. Il y a du mica blanc et du jaune (2).

---

(1) Presque tous les bois et les forêts des environs de Paris sont sur le sable : les uns sur le sable ou grès des hauteurs; telles sont les bois ou forêts de Marly, de Clamart, de Verrière, de Meudon, de Villers-Adam, de Chantilly, d'Halatte, de Montmorency, de Villers-Cotterets, de Fontainebleau : les autres sont sur les sables ou limon d'attérissemens anciens; tels sont les bois et forêts de Bondy, de Boulogne, de Saint-Germain, etc.

(2) Nous tenons cette notice de M. Fourmy.

Cette longue colline se joint au vaste plateau de la Beauce par le col sablonneux sur lequel est bâti le château de Versailles. Ce grand plateau, dont notre carte donne une idée suffisante, n'est plus coupé par aucune vallée assez profonde pour pénétrer jusqu'au sol de calcaire siliceux qu'il recouvre, et qu'on ne peut reconnoître que sur ses bords, tant à l'est qu'à l'ouest, comme la carte le fait voir.

Au sud-est de Versailles est le plateau isolé ou presque isolé qui porte les bois de Meudon, de Clamart et de Verrière. C'est dans ce plateau qu'est creusée, près de Versailles, la sablonnière de la butte de Picardie, remarquable par la pureté de son sable et par les belles couleurs qu'il présente, et près du Plessis-Piquet, la sablonnière de ce nom, haute de plus de 20 mètres, et composée de sable rouge, blanc et jaune. Ce plateau contient quelques blocs de grès isolés au milieu du sable; on en trouve dans les environs de Meudon, sur les buttes de Sèvres, etc.; on les exploite pour paver les routes de second ordre dans ces lieux. On voit bien clairement sa position au-dessous des meulières sans coquilles et du terrain d'eau douce.

Le sable ne recouvre pas partout immédiatement le sol de calcaire siliceux; on trouve souvent entre ces deux terrains la formation gypseuse.

En descendant, près de Pont-Chartrain, du plateau qui porte le bois de Sainte-Apolline au village des Bordes qui est sur le sol des marnes gypseuses, on traverse les différens terrains qui recouvrent ce sol. La coupure qu'on y a faite pour rendre la route moins rapide, permet d'en étudier facilement et d'en reconnoître clairement les superpositions. On voit très-distinctement, au sommet du plateau, un lit de meulière sans coquilles, en morceaux peu volumineux, dans une marne argileuse et sablonneuse. Ce lit repose sur une masse considérable de sable au milieu de laquelle se trouvent de puissans bancs de grès. Si ensuite on descend plus bas, c'est-à-dire, soit vers l'entrée du parc de Pont-Chartrain, soit vers le moulin de Pontel, on trouve les marnes vertes des gypses et les grandes huîtres qu'elles renferment.

De La Queue, route d'Houdan, au lieu dit *le Bœuf couronné*, règne un plateau élevé entièrement composé de sable, dont l'épaisseur est très-considérable. On remarque qu'il est recouvert d'une couche de sable rouge argileux qui renferme des meulières en fragmens que nous soupçonnons appartenir à la formation d'eau douce. Cette meulière passe souvent à l'état de silex pyromaque, tantôt blanc et opaque, tantôt gris ardoisé et translucide.

Après Adainville, sur la route d'Houdan à Épernon, on monte sur le terrain de sable sans coquilles qui se continue ainsi jusqu'à Épernon. Il forme des landes élevées montrant dans quelques endroits le sable nu, blanc, mobile, qui, poussé par le vent d'ouest, s'accumule contre les arbres, les buissons, les palissades, les ensevelit à moitié, et y forme des dunes comme aux bords de la mer.

Vers le sommet des coteaux les plus élevés, comme celui

celui qui mène de l'Abyme à Tout-li-Faut, on trouve la meulière dans le sable rouge. On voit les premiers rochers de grès au nord, un peu avant d'arriver à Hermeray.

Les cinq caps qui entourent Épernon sont en grès. Les plus remarquables par les masses énormes de grès qu'on y voit, sont celui de la Magdelaine, au nord, et celui des Marmousets, à l'est. Celui-ci est l'extrémité du coteau très-escarpé qui borde au nord le petit vallon de Droué. Il est composé, de sa base presque jusqu'à son sommet, de bancs énormes de grès dur, homogène, gris, sans aucune coquille. Ces bancs, séparés par des lits de sable, sont souvent brisés et comme déchaussés; ils sont recouverts d'un banc horizontal régulier de silex d'eau douce que nous décrirons à l'article X. A mesure qu'on s'approche de Trapes et des vraies plaines de la Beauce, le terrain de sable et de grès devient moins visible, parce qu'il est recouvert presque partout par le terrain d'eau douce qui acquiert alors une épaisseur beaucoup plus considérable.

En partant de Paris et se dirigeant vers le sud, le sable et le grès paroissent dès Palaiseau; le premier est homogène, très-blanc, et renferme des bancs de grès puissans et fort étendus qui couronnent presque toutes les collines, et notamment celles de Ballainviliers, de Marcoussy, de Montlhéry, etc. On les voit encore près d'Écharcon, sur les coteaux qui bordent la rivière d'Essone, et enfin on arrive à la forêt de Fontainebleau, dont le sol est, comme on sait, presque entièrement composé de grès dur et très-homogène.

Cette forêt est située, comme la carte le fait voir, sur le bord oriental du grand plateau de sable de la Beauce; la structure de son sol, célèbre par les beaux grès qu'elle fournit, n'est donc point essentiellement différente de celle de tous les autres plateaux de sable ou de grès que nous venons de décrire dans cet article. Le grès et le sable blanc, en couches alternatives, reposent sur le terrain de calcaire siliceux, et sont recouverts dans beaucoup d'endroits par le terrain d'eau douce (1).

Cette partie du plateau forme une espèce de cap ou de presqu'île sillonnée par un grand nombre de vallons également ouverts à leurs deux extrémités, et différens en cela des vallées ordinaires. Ces vallons sont assez profonds sur les bords des plateaux pour atteindre la formation de calcaire siliceux, comme on le voit à l'est du côté de Moret, au nord du côté de Melun, à l'ouest du côté de Milly, et dans beaucoup de points de l'intérieur même de la forêt; ils sont tous à très-peu près parallèles, et se dirigent du sud-est au nord-ouest, direction générale des principales chaînes de collines que présentent les formations calcaires, gypseuses et sablonneuses des environs de Paris (2). Les collines de grès qui

---

(1) Nous parlerons à l'article X de la disposition de ce terrain calcaire dans la forêt de Fontainebleau; la carte en donne tous les détails.

(2) Nous avons déjà fait remarquer cette direction, page 92, en traitant des diverses lignes de collines gypseuses. Elle est encore beaucoup plus sensible sur les collines de grès, et notamment sur celles de Fontainebleau, comme la carte le fait voir.

forment et séparent ces vallons, sont couvertes vers leurs sommets et sur leurs pentes d'énormes blocs de grès dont les angles sont arrondis, et qui sont dans quelques endroits amoncelés les uns sur les autres. Il nous semble facile de se rendre compte de cette disposition. La force qui a sillonné ce plateau composé de couches alternatives de sable et de grès, entraînant le sable, a déchaussé les bancs de grès qui, manquant alors d'appui, se sont brisés en gros fragmens qui ont roulé les uns sur les autres, sans cependant s'éloigner beaucoup de leur première place. L'arrondissement de la plupart de ces blocs doit être attribué à la destruction de leurs angles et de leurs arêtes par les météores atmosphériques, plutôt qu'au frottement d'un roulis qu'ils n'ont certainement pas éprouvé (1).

Ces grès ne sont pas calcaires, comme on l'a prétendu ; très-peu d'entre eux font effervescence avec l'acide nitrique ; les cristaux de grès calcaire qu'on a trouvés dans quelques endroits, sont rares, et leur formation est due à des circonstances particulières et postérieures au dépôt du grès qui s'est formé pur et sans mélange primitif de calcaire.

L'exploitation qu'on fait de ce grès dans une multitude d'endroits de la forêt et des environs, des blocs innombrables qui couvrent ce sol, et qui ont été examinés

---

(1) Sur la route du chemin de Milly, dans le lieu dit *la Gorge-aux-Archers*, les blocs de grès présentent l'empreinte d'une *désaggrégation* par plaques hexagonales. (Desmarets fils.)

sur toutes leurs faces par les naturalistes qui parcourent fréquemment cette belle forêt, auroient fait découvrir quelques coquilles, pour peu que ces grès en renfermassent. Ainsi l'absence de tout corps organisé dans les grès de cette formation, est aussi bien établie que puisse l'être une vérité négative qui résulte seulement de l'observation.

HUITIÈME FORMATION.

Sable, grès et calcaire marins supérieurs.

Nous avons dit, chap. Ier, art. VIII, qu'on trouvoit dans plusieurs lieux, au-dessus des sables et des grès sans coquilles qui recouvrent les formations de calcaire siliceux ou de gypse, un lit rarement fort épais et quelquefois très-mince de grès pur et de sable ou de grès calcaire, ou même de calcaire, qui renfermoit une assez grande quantité de coquilles marines généralement semblables, par les genres et même par les espèces aux coquilles du système moyen du calcaire grossier ; nous avons donné les noms de la plupart de ces coquilles, et indiqué les lieux où elles se trouvent, soit à l'article cité plus haut, soit en décrivant, art. V et VI du ch. II, les collines gypseuses au sommet desquelles on trouve ces grès. Il nous resteroit donc peu de chose à dire sur cette dernière couche marine coquillière, si de nouveaux voyages faits depuis la rédaction de l'art. VIII du chapitre Ier, en ajoutant de nouveaux faits à ceux que nous avons déjà rapportés, ne nous eussent donné la faculté de rendre l'histoire de cette dernière couche coquillière plus complette et plus générale.

On trouve le dépôt supérieur de coquilles marines bien plus communément sur la rive droite de la Marne, et sur celle de la Seine après sa réunion avec cette rivière, que sur le terrain situé au sud de ces mêmes rivières.

En venant du nord-est, on le voit d'abord sur les hauteurs qui avoisinent Lévignan. Il consiste en une couche peu épaisse de sable siliceux et calcaire, remplie de *cerithium serratum*, qui sont répandus avec une grande abondance dans tous les champs, et il est placé immédiatement sur les énormes bancs de grès sans coquilles qui se montrent de toutes parts dans ce canton, et qui paroissent se terminer à Nanteuil-le-Haudouin.

Cette couche mince de terrain marin coquillier se montre au sommet de l'escarpement qui domine Nanteuil-le-Haudouin, et y fait voir son épaisseur et son exacte position. C'est un lit d'un à deux décimètres de puissance, d'un calcaire sableux assez solide, et renfermant une très-grande quantité de coquilles marines qui se réduisent à trois espèces principales : l'*Oliva mitreola*, le *Citherea elegans* et le *Melania hordeacea*. Celle-ci y est la plus remarquable et la plus abondante. Ce petit lit de coquilles d'une égale épaisseur, sur une assez grande étendue, est immédiatement placé sur les énormes bancs de grès solide, sans aucune coquille, qui forment l'escarpement dont nous venons de parler. Il est immédiatement recouvert du terrain d'eau douce dont on trouve de tous côtés les fragmens épars.

En se portant au nord de Paris, on retrouve la couche marine supérieure sur la route de Beaumont-sur-Oise, en descendant dans la vallée de l'Oise à la hauteur de Mafliers. Nous avons décrit la disposition de cette petite couche marine, chap. II, art. III, page 84; nous ferons seulement remarquer que les bancs de grès sans coquilles qu'on voit ici, étant une dépendance de ceux qu'on trouve depuis Ezanville jusqu'à Moiselles et au-delà, nous portent à croire que la couche de coquilles marines qui recouvre les bancs de grès près d'Ézanville, appartient à la même formation ou au même dépôt que celles de la descente de Mafliers. Or, comme la disposition des grès sans coquilles de la couche sablonneuse coquillière et du terrain d'eau douce, est absolument la même près de Pierrelaye, de l'autre côté de la colline de Montmorency, qu'à Ézanville, nous soupçonnons que cette couche pourroit bien appartenir encore au même dépôt, quoique nous l'ayons décrite à l'article de la formation du calcaire grossier.

Si notre conjecture actuelle se vérifie, il faudra rapporter également à la formation que nous décrivons les grès marins peu épais de Frênes, route de Meaux, de la Ferté-sous-Jouarre, de Saint-Jean-les-Jumeaux et de Louvres, que nous avons mentionnés chap. I, art. III, page 26; car les grès de ces divers lieux sont placés au-dessus du calcaire marin et d'un dépôt plus ou moins épais de sable ou de grès sans coquilles; ils renferment tous les mêmes espèces de coquilles, notamment des cérithes et le *Melania hordeacea* qui semble les caractériser, et qui se trouve à Pierrelaye et à Ézanville en quantité prodigieuse ; ils sont tous immédiatement recouverts par le terrain d'eau douce dont les coquilles se sont quelquefois mêlées avec celles de ces grès, comme on le voit à Beauchamp près de Pierrelaye.

Les collines de Montmartre, de Belleville, de Sanois, de Grisy, de Cormeilles, etc., sont surmontées de grès marins. Nous avons fait connoître ces grès et les espèces principales de coquilles qu'ils renferment, en décrivant ces collines : nous nous contenterons de faire observer de nouveau que ces grès coquilliers sont immédiatement appliqués sur un banc très-puissant de sable argilo-ferrugineux sans coquilles, et que tous, à l'exception de celui de Montmartre, sont immédiatement recouverts par le terrain d'eau douce, qui est composé dans ces lieux, non pas de calcaire, mais de silex et de meulière.

Il paroît qu'on retrouve cette même formation marine supérieure près d'Étampes. M. de Tristan l'y indique dans un Mémoire qu'il a adressé à la Société philomatique. Elle recouvre ici les grès qui sont situés sur le calcaire siliceux, et elle est entièrement ou presque entièrement calcaire.

Cette formation ne consistant quelquefois qu'en une couche très-mince de coquilles marines entre des bancs puissans de grès sans coquilles et de terrain d'eau douce, il est probable qu'elle a souvent échappé à nos recherches et à celles des naturalistes qui ont étudié la structure du sol des environs de Paris. Il est à présumer qu'on la retrouvera dans beaucoup d'autres lieux quand on la recherchera exprès et avec attention. Il est possible qu'on en trouve quelques traces sur les grès même des environs de Fontainebleau, entre ces grès et le puissant terrain d'eau douce qui les recouvre dans quelques points.

Nous ne croyons pas que cette dernière couche de coquilles marines indique une troisième ni une quatrième mer; nous n'aurions aucune raison de tirer de nos observations une conséquence aussi hypothétique. Les faits que nous avons exposés nous forcent d'admettre, 1°. qu'il y a eu deux grandes formations marines séparées par une formation d'eau douce; 2°. que dans chacune de ces grandes formations marines il y a eu des époques de dépôts bien distinctes et caractérisées, premièrement par des couches renfermant des corps marins très-différens de ceux qui sont renfermés dans les couches supérieures et inférieures; secondement par des couches très-puissantes, soit argileuses, soit marneuses, soit sablonneuses; qui ne renferment aucun fossile, ni marin, ni fluviatile, ni terrestre.

NEUVIÈME FORMATION.

Les meulières sans coquilles.

CETTE pierre se trouve en petite quantité dans beaucoup d'endroits, au-dessus du sable et du grès sans coquilles; mais elle n'est abondante et remarquable que dans cinq à six points des environs de Paris (1). Les principaux sont :

---

(1) Il y a bien ailleurs des pierres qu'on nomme quelquefois *meulières*,

1°.

1°. Le plateau de Meudon dans presque toutes ses parties. La meulière y est en bancs minces et interrompus, et n'est exploitée que pour les constructions.

2°. La forêt des Alluets et toute la partie du plateau de la forêt de Marly qui avoisine les Alluets. La meulière y est plus épaisse qu'à Meudon, et on l'a autrefois exploitée pour en faire des meules.

3°. Le cap occidental du plateau de Trapes, et l'appendice de ce plateau qui porte le village de Laqueue. Les meulières y sont en petits fragmens.

4°. Sur le même plateau, mais plus au sud, au-delà de Chevreuse et près de Limours, se trouve l'exploitation de pierres à meules du village des Molières qui en a pris son nom. Après avoir traversé environ 2 mètres de terre blanche, on trouve deux à trois bancs de meulières situés au milieu d'un sable argileux et ferrugineux: les bancs supérieurs sont composés de meulières en fragmens; l'inférieur seul peut être exploité en meules : il repose sur du sable ou sur un lit de marne blanche (1).

5°. Enfin la fameuse exploitation qui a lieu sur le plateau qui règne de la Ferté-sous-Jouarre jusque près

---

mais elles n'appartiennent pas à la formation dont il est ici question : ce sont ou des meulières d'eau douce ou des parties presque entièrement siliceuses de calcaire siliceux. Quand on a acquis un peu d'habitude, il n'est pas nécessaire de voir ces pierres en place pour les distinguer de la meulière sans coquille.

(1) *Description des carrières de pierres à meule qui existent dans la commune des Molières*, par M. Coquebert-Montbret. *Journ. des Mines*, n° 22, p. 25.

de Montmirail. C'est dans ce lieu que le banc de meulière est le plus étendu, le plus puissant et le plus propre à fournir de grandes et bonnes meules. On pense bien que nous avons visité ce canton avec soin ; aussi la description que nous allons en donner a-t-elle été faite sur les lieux.

C'est près de la Ferté, et sur la partie la plus élevée du plateau, sur celle qui porte Tarteret, que se fait la plus forte exploitation de meulières, et c'est de cet endroit qu'on tire les plus belles meules.

Le dessous du plateau est, comme nous l'avons dit, de calcaire marin ; au-dessus, mais sur les bords et du côté de la marne seulement, se trouvent des marnes gypseuses et des bancs de gypse ; le milieu du plateau est composé d'un banc de sable ferrugineux et argileux qui a dans quelques parties près de 20 mètres de puissance.

C'est dans cet amas de sable qu'on trouve les belles meulières. En le perçant de haut en bas, on traverse d'abord une couche de sable pur qui a quelquefois 12 à 15 mètres d'épaisseur ; la présence des meulières est annoncée par un lit mince d'argile ferrugineuse qui est remplie de petits fragmens de meulières ; on le nomme *pipois*. Vient ensuite une couche épaisse de 4 à 5 décimètres, composée de fragmens plus gros de meulière, puis le banc de meulière lui-même, dont l'épaisseur varie entre 3 et 5 mètres. Ce banc, dont la surface est très-inégale, donne quelquefois, mais rarement, trois épaisseurs de meules. Quoique étendu sous presque tout le plateau, on ne le trouve pas toujours avec les qualités qui permettent de l'exploiter, et pour le découvrir on sonde au hasard. Il est quelquefois divisé par des fentes verticales qui permettent de prendre les meules dans le sens vertical, et on a remarqué que les meules qui avoient été extraites de cette manière faisoient plus d'ouvrage que les autres.

Les carrières à meules sont exploitées à ciel ouvert; le terrain meuble qui recouvre ces pierres ne permet pas de les extraire autrement, malgré les frais énormes de déblaiement qu'entraîne ce genre d'extraction. Les eaux, assez abondantes, sont enlevées au moyen de seaux attachés à de longues bascules à contrepoids : des enfans montent, par ce moyen simple, les seaux remplis d'eau d'étage en étage.

Lorsqu'on est arrivé au banc de meulière, on le frappe avec le marteau : si la pierre est sonore, elle est bonne et fait espérer de grandes meules; si elle est *sourde*, c'est un signe qu'elle se divisera dans l'extraction. On taille alors dans la masse un cylindre qui, selon sa hauteur, doit donner une ou deux meules, mais rarement trois, et jamais plus; on trace sur la circonférence de ce cylindre une rainure de 9 à 12 centimètres de profondeur, qui détermine la hauteur et la séparation de la première meule, et on y fait entrer deux rangées de calles de bois; on place entre ces calles des coins de fer qu'on chasse avec précaution et égalité dans toute la circonférence de la meule, pour la fendre également et pour la séparer de la masse; on prête l'oreille pour juger par le son si les fissures font des progrès égaux.

27 *

Les morceaux de meules sont taillés en parallélipipèdes et sont nommés *carreaux*. On réunit ces *carreaux* au moyen de cercles de fer, et on en fait d'assez grandes meules. Ces pièces sont principalement vendues pour l'Angleterre et l'Amérique.

Les pores de la meulière portent chez les fabricans le nom de *frasier*, et le silex plein celui de *défense*. Il faut, pour qu'une meule soit bonne, que ces deux parties se montrent dans une proportion convenable.

Les meules à *frasier* rouge et abondant font plus d'ouvrage que les autres; mais elles ne moulent pas si blanc et sont peu estimées.

Les meules d'un blanc-bleuâtre, à *frasier* abondant, mais petit et également disséminé, sont les plus estimées. Les meules de cette qualité, ayant 2 mètres de diamètre, se vendent jusqu'à 1200 francs pièce.

Les trous et fissures de toutes les meules sont bouchées en plâtre *pour la vente;* les meules sont bordées de cerceaux de bois, pour qu'on ne les écorne pas dans le transport.

Cette exploitation de meulière remonte très-haut, et il y a des titres de plus de quatre cents ans qui en constatent dès-lors l'existence; mais on ne faisoit à cette époque que des petites meules, et ce genre d'exploitation s'appeloit *mahonner*. On a vu par ce que nous avons dit plus haut que les meules extraites des environs de la Ferté-sous-Jouarre sont recherchées dans les pays les plus éloignés.

6°. Nous ne pouvons passer sous silence les carrières

à meules d'Houlbec près Pacy-sur-Eure, quoique ce lieu soit situé hors des limites que nous nous sommes fixées; elles ont été décrites avec détail par Guettard (1). On voit par cette description qu'elles sont recouvertes de sable argileux et ferrugineux, de 5 à 6 mètres de cailloux roulés, que le banc exploité est précédé d'un lit de meulière en fragment appelé *rochard*, et enfin que ce banc, qui a 2 mètres d'épaisseur, repose sur un lit de glaise; par conséquent que toutes les circonstances de gisement sont les mêmes dans ce lieu qu'aux environs de Paris et qu'à la Ferté, qui en est éloigné de plus de trente lieues.

DIXIÈME FORMATION.

Terrain d'eau douce supérieur.

Le terrain d'eau douce, cette formation à peine connue il y a cinq ans, est si abondamment répandu aux environs de Paris, à plus de douze et vingt lieues à la ronde, que nous pourrions difficilement, même au moyen de la carte, être sûrs d'indiquer tous les endroits où il se trouve. Il recouvre les plaines basses comme les plateaux élevés; on le voit au sommet des buttes et sur la crête des collines. Nous n'indiquerons ici que les lieux où il nous a offert quelques faits intéressans et ceux qui font connoître quelques-uns de ses rapports avec les autres terrains.

---

(1) *Mém. de l'Acad. des sciences de Paris*, 1758.

Mais comme il est difficile de distinguer parmi les terrains d'eau douce superficiels celui qui est en même temps supérieur ou de seconde formation, de celui qui est de première formation, mais seulement superficiel; que cette distinction ne peut se faire avec certitude que dans les cas où les deux formations sont placées immédiatement l'une au-dessus de l'autre, comme on le voit dans la colline de Belleville, nous décrirons d'abord les terrains d'eau douce qui appartiennent évidemment à la seconde formation; nous décrirons ensuite, mais séparément, les terrains d'eau douce superficiels dont l'époque de formation nous a paru incertaine.

Presque toutes les collines gypseuses qu'on voit au nord de Paris sont terminées à leur sommet par des plateaux plus ou moins étendus, composés de terrain d'eau douce siliceux. Ce sont des meulières pétries de limnées, de planorbes, de gyrogonites et de coquilles turbinées que l'un de nous a décrites sous le nom de *potamides* (1).

Les sommets des collines de Dammartin, de Carnetin, Chelles et Villemonble, de Montmorency, de Marines et Grisy, de Belleville, de Sanois et de Triel à Meulan, appartiennent à cette formation; le plateau de la forêt de Montmorency, surtout du côté de Saint-Prix et de Saint-Leu, présente des bancs puissans de meulières d'eau douce remplies d'une innombrable quantité de co-

---

(1) Alex. Brongniart, *Annales du Muséum d'Hist. natur.* t. XV, p. 38, pl. I, fig. 3.

quilles qui appartiennent toutes aux espèces que nous venons de nommer (1).

Ces meulières sont toujours les plus superficielles ; elles ne sont recouvertes que par la terre végétale et un peu de sable argilo-ferrugineux ; elles sont disposées en bancs interrompus, mais réguliers et horizontaux, lorsqu'on ne se contente pas de les observer sur les pentes rapides des vallons. Dans ces derniers lieux elles se présentent en fragmens bouleversés ; mais elles sont toujours dans un sable rougeâtre argilo-ferrugineux qui recouvre le banc puissant de sable sans coquilles.

Ce terrain est encore plus étendu sur la rive gauche de la Seine.

La partie superficielle de ce plateau élevé et immense qui s'étend du nord au sud, depuis les Alluets jusqu'aux rives de la Loire, et de l'est à l'ouest, depuis Meudon et les rives du Loing jusqu'à Épernon et Chartres, appartient à la formation d'eau douce supérieure ; toutes les plaines de la Beauce en font partie. Le terrain siliceux y est plus rare que le terrain calcaire : le premier ne se montre en masse qu'aux sommets des collines ou des buttes de sable qui dominent le plateau général, telles que celles de Saint-Cyr près Versailles, de Meudon, de Clamart, de Palaiseau, de Milon, etc., ou bien en rognons dans le terrain calcaire ; celui-ci, au contraire, forme la partie dominante des plaines de

---

(1) Brugnière avoit déjà dit que ces meulières ne renfermoient que des coquilles d'eau douce.

la Beauce, et dans quelques endroits il joint à une épaisseur considérable une assez grande pureté. La plaine de Trapes, au sud-ouest de Versailles, est composée d'un calcaire friable qui renferme des noyaux siliceux, et qui est pétri de limnées, de planorbes et de gyrogonites. Celui des environs d'Étampes et de Saint-Arnoud a une épaisseur considérable. On l'a pris quelquefois pour de la craie, et on l'a décrit comme tel; mais quand on examine avec attention les carrières de pierre à chaux situées près de ces lieux, on voit qu'on y exploite un calcaire criblé de coquilles d'eau douce, et renfermant des blocs énormes de silex. Les carrières de Menger, qui dépendent de Saint-Arnoud, offrent des bancs qui ont jusqu'à seize mètres d'épaisseur; il paroît même qu'en allant vers le sud, ce terrain augmente considérablement d'épaisseur, comme l'indiquent les descriptions que MM. Bigot de Morogue et Tristan ont données du calcaire d'eau douce des environs d'Orléans, et les renseignemens que nous avons reçus sur celui de Châteaulandon (1).

---

(1) Les carrières de Châteaulandon sont situées dans le département de Seine-et-Marne, à une demi-lieue de Châteaulandon et à vingt lieues au sud de Paris (par conséquent hors des limites de notre carte); elles sont éloignées d'environ une lieue du canal de Loing. Cette pierre, qui est d'un gris cendré jaunâtre, quoique remplie de cavités irrégulières tubuleuses et siliceuses, est plus dure, plus pesante et plus compacte que le plus beau liais (calcaire marin très-solide) des environs de Paris ; sa cassure est concoïde. Laissée pendant trente-six heures dans l'eau, elle ne s'imbibe que de deux parties d'eau, tandis que la roche la plus dure de Châtillon (calcaire marin

En

En reprenant cet immense plateau par l'est, pour en étudier les points les plus intéressans, nous examinerons d'abord les environs de Melun et de Fontainebleau.

Les collines qui bordent la rive droite de la Seine, à l'ouest de Melun, sont composées, en partant de la surface, et immédiatement au-dessous de la terre végétale :

1°. D'un calcaire blanc, tendre, ne renfermant pas d'assises distinctes, mais disposées en fragmens d'inégales grosseurs. Ce calcaire est traversé par une multitude de petits canaux souvent jaunâtres ; il renferme un grand nombre de limnées, de planorbes, etc.

2°. D'un calcaire très-dur, jaunâtre, susceptible de poli, plus compacte que le premier, présentant, non pas des tubulures, mais des cavités irrégulières remplies de cristaux de calcaire spathique. Il renferme moins de coquilles que le précédent.

3°. De silex blond ou brun, en tables plus ou moins épaisses, rempli de cavités.

4°. De masses dures calcareo-siliceuses, qui forment comme la transition minéralogique du silex au calcaire dur. On n'a pas vu de coquilles dans ces deux dernières pierres.

à cérite) en absorbe quatre parties. L'église de Châteaulandon, qui est fort ancienne, en est construite ; le pont de Nemours en a été bâti, et on l'emploie à la construction de l'arc de triomphe de l'Étoile. Elle se débite à la scie, et est susceptible de recevoir le poli du marbre. On y voit quelques coquilles d'eau douce, mais elles y sont très-rares. (Nous tenons la plupart de ces renseignemens de M. Rondelet.)

Ces différentes pierres ne suivent aucun ordre dans leur position respective ; elles sont comme liées par le calcaire blanc friable qui contient le plus de coquilles. Elles présentent une masse visible de six à sept mètres d'épaisseur.

5°. Au-dessous de ce terrain d'eau douce on voit une couche de marne argileuse verdâtre, sans coquilles, qui a environ deux mètres de puissance.

6°. Il paroît, d'après les blocs qu'on trouve roulés au pied de la colline, que la base de cette colline, comme de toutes celles de ce canton, est de calcaire siliceux (1).

La forêt de Fontainebleau et l'intervalle compris entre cette forêt et Malsherbe offrent de nombreux plateaux de calcaire d'eau douce d'une épaisseur et d'une consistance assez considérables pour être dans beaucoup de points exploités comme pierre à chaux. Nous allons les décrire avec détails ; et comme les collines qui les portent se dirigent généralement du sud-est au nord-ouest, nous irons du nord au sud, afin de les couper.

En arrivant à Fontainebleau par la route de Melun, on commence à monter par une pente douce sur le plateau de sable à Rochette. Tout nous a paru être de grès jusqu'au mont Tussy, à l'exception du bas qui est de calcaire siliceux. C'est ici qu'on peut voir le chapeau de calcaire d'eau douce qui recouvre le grès et qui constitue le bord septentrional de la colline sur laquelle on

---

(1) Nous avons vu nous-mêmes ce canton, mais nous devons à M. Prévost cette description détaillée.

monte. Cette colline, applatie à son sommet, s'étend de l'est à l'ouest, et comprend les lieux nommés la Bihourdière, la Croix-d'Augas, le mont Tussy, le grand mont Chauvet, Belle-Croix et le bord septentrional du mont Saint-Père.

Du grand mont Chauvet à Belle-Croix, en suivant les hauteurs de la Solle, on ne voit plus de calcaire d'eau douce; mais le plateau des monts de Fais est recouvert de ce calcaire, notamment vers la Table-du-Grand-Maître.

Belle-Croix est l'espèce d'isthme qui réunit les monts de Fais et le mont Saint-Père. Le calcaire d'eau douce de Belle-Croix repose sur une marne calcaire jaunâtre. Nous croyons pouvoir attribuer aux infiltrations calcaires de ce sol supérieur les cristaux de grès calcaire qu'on trouve si abondamment dans les carrières de ce lieu.

Dans la partie du plateau du mont Saint-Père qui avoisine la Croix-du-grand-Veneur, les grès sont presque superficiels; on trouve seulement quelques fragmens de calcaire d'eau douce épars.

A la descente du plateau de la Bihourdière par la Croix-d'Augas et le Calcaire, du côté de Fontainebleau, il n'y a plus de calcaire. Le grès, dont les bancs semblent se relever vers le sud, règne jusqu'au sommet.

Le mont Pierreux et le mont Fessas, qui sont des caps très-avancés de ce même plateau, et dirigés vers l'est, la butte de Macherin et la butte dite *de Fontainebleau*, qui sont deux autres caps de ce plateau dirigés vers l'ouest, sont recouverts de calcaire d'eau douce, criblés de limnées et de planorbes. Au mont Perreux ce calcaire a quatre mètres d'épaisseur, et est exploité comme pierre à chaux.

Tout-à-fait à l'est de Fontainebleau, les buttes isolées du Monceau et du Mont-Andart sont couronnées de calcaire d'eau douce.

Vers le sud de Fontainebleau viennent d'abord quelques buttes et collines peu étendues. Celles qui portent du calcaire d'eau douce sont toujours applaties à leurs sommets, et sans aucun bloc de grès : telles sont le Mail-d'Henri-IV, le mont Merle, le mont Morillon, le mont Enflammé, le cap dit *la Queue-de-la-Vache* et la butte dite de *Bois-Rond*.

Viennent ensuite, en reprenant à l'est, la Malle-Montagne dont le bord méridional seulement est en calcaire, le Haut-Mont, le Ventre-Blanc, le plateau des Trembleurs, puis le grand plateau qui porte à l'est la Garde-de-la-Croix de Saint-Hérem, et à l'ouest la Garde-de-la-Croix de Souvray. Dans la première partie nous avons vu le calcaire d'eau douce au petit et au grand Bourbon, au rocher Fourceau, au rocher aux Fées, aux forts de Marlotte, et surtout à la descente Bouron. On reconnoît ici quatre bancs de calcaire d'eau douce formant une épaisseur d'environ cinq mètres, et reposant sur le grès.

Vers la Croix de Souvray, ce terrain, probablement moins épais, est aussi beaucoup moins visible ; on ne peut juger de sa présence que par les fragmens que l'on en trouve épars de tous côtés jusqu'à Ury. Mais plus loin au sud-ouest et hors de la forêt, à la Chapelle-Buteaux, il se présente en bancs assez épais pour être exploités, et à la descente de Merlanval il renferme d'abondantes infiltrations de silice.

Nous devons faire remarquer que ces collines longues et étroites qu'on nomme ordinairement *rochers*, tels que les rochers du Cuvier-Châtillon, d'Apremont, de Bouligny, du mont Morillon, etc. sont uniquement composées de grès jusqu'à leur sommet. Les fragmens de leurs bancs déchaussés sont tombés les uns sur les autres, et leur ont donné cet aspect de ruine et d'éboulement qu'elles présentent.

Les plateaux qu'on appelle plus particulièrement *monts*, sont au contraire très-étendus; leurs bords sinueux offrent de nombreux caps; leur sommet est plat et a conservé presque partout un chapeau calcaire sur lequel s'est établi la belle végétation qui les couvre. Les *rochers* ne portent guère que des bouleaux et des genévriers, et plus souvent ils ne portent aucun arbre; les *monts* ou *plateaux* à surface calcaire sont au contraire couverts de beaux chênes, de hêtres, de charmes, etc. (1).

A mesure qu'on s'avance vers le nord-ouest, le terrain

---

(1) Il n'est pas nécessaire d'aller sur les lieux pour prendre une juste idée de ces différences, l'inspection d'une bonne carte suffit. La partie de la nôtre qui porte la forêt de Fontainebleau est sur une trop petite échelle pour qu'on puisse faire ces observations; mais on peut consulter la carte de la forêt de Fontainebleau, publiée en 1778, sans nom d'auteur, et gravée par Guillaume de la Haye.

d'eau douce semble diminuer d'épaisseur, et les masses de grès devenir plus puissantes et plus élevées. Il est cependant encore très-épais, comme nous l'avons dit, à Étampes, à Saint-Arnould, etc.; mais il devient plus mince près de Rambouillet, et il semble réduit à une couche d'un mètre d'épaisseur aux environs d'Épernon : nous ne le connoissons même plus, ni au-delà de cette ville, ni au-delà d'une ligne qui iroit d'Épernon à Mantes, en passant par Houdan.

Près de Rambouillet, au midi du parc, et vers le sommet du coteau d'où l'on descend à la porte dite de *Mocque-Souris*, des coupes faites dans ce coteau permettent d'en étudier la composition. On y reconnoît vers la surface du sol le terrain d'eau douce entièrement calcaire, et ayant environ deux mètres d'épaisseur; il est composé de bancs minces, tantôt durs, tantôt friables, renfermant une très-grande quantité de coquilles d'eau douce. Il pose sur un sable sans coquilles qui représente la formation du grès; mais entre ce calcaire et le sable on voit un petit lit de glaise feuilletée, d'un vert foncé mêlé de jaune, et recouvert de marne friable d'un jaune isabelle. On trouve dans cette marne une petite couche régulière et horizontale entièrement composée de coquilles turriculées semblables aux cérites, et que nous avons désignées sous le nom de *potamides*. Elles y sont entières, elles ont conservé leur couleur; mais elles sont tellement friables qu'il est impossible d'en obtenir une entière.

De Rambouillet à Épernon on ne perd presque pas

de vue le terrain d'eau douce ; il est toujours au-dessus des grès ou des sables qui les représentent, et de nature calcaire, jusqu'après le parc de Voisin.

A Épernon il change de nature. Les cinq caps de collines qui entourent Épernon sont en grès depuis leur base jusqu'à leur sommet. Les plus remarquables de ces caps par les masses énormes de grès qui les composent, sont celui de la Madeleine au nord, et celui des Marmousets à l'est. Ce dernier est l'extrémité de la côte très-escarpée qui borde au nord le joli petit vallon de Droué ; son bord méridional est plus bas et arrondi.

Ce coteau septentrional est composé, de sa base presque jusqu'à son sommet, de bancs énormes d'un grès dur, homogène, gris, et sans aucune coquille ; ces bancs sont séparés par du sable, souvent brisés et comme déchaussés.

Le sommet du plateau est formé par le terrain d'eau douce entièrement siliceux. Il offre un banc horizontal très-régulier d'environ un mètre d'épaisseur. Ce banc siliceux, souvent très-dense, présente quatre variétés principales :

1°. Un silex gris, translucide, ayant la cassure terne, cireuse et même cornée ;

2°. Un silex fauve, très-translucide, très-facile à casser, ayant la cassure conchoïde et lisse ;

3°. Un silex jaspoïde d'un blanc opaque ou d'un blanc de cire, à cassure cireuse et écailleuse, et très-difficile à casser ;

4°. Un silex jaspoïde opaque, un peu celluleux, ayant enfin tous les caractères d'une meulière compacte.

Quoique ces variétés semblent se trouver partout indistinctement, il paroît cependant que la seconde est plus commune vers l'extrémité du cap qu'ailleurs.

Toutes renferment en plus ou moins grandes quantités des coquilles d'eau douce ; certaines parties du banc en sont criblées, et quelquefois on fait vingt mètres et plus sans pouvoir en découvrir une seule. Ces coquilles sont des planorbes arrondis, des planorbes cornet, des limnées œuf, des limnées cornés, des planorbes de Lamarck, quelques hélices de Morogues et des gyrogonites.

On ne voit bien ces bancs à leur place que lorsqu'on a tout-à-fait atteint le sommet du plateau. Si on recherche ces pierres sur le bord de l'escarpement, on parvient bien à les trouver; mais elles sont en fragmens épars dans la terre végétale et dans le sable rougeâtre qui est immédiatement sous elles, qui recouvre le grès et qui pénètre même dans les fentes de ses premiers bancs.

Tels sont les terrains qui nous paroissent appartenir à la seconde formation d'eau douce. L'époque de formation des terrains suivans n'étant pas aussi clairement déterminée, nous avons cru devoir les placer séparément dans ces descriptions spéciales, sauf à indiquer plus bas la formation à laquelle nous croyons pouvoir les rapporter.

Nous remarquerons d'abord au nord de Paris cette immense plaine de terrain d'eau douce qui s'étend depuis Claye à l'est jusqu'à Frepillon à l'ouest, et du nord au sud de Louvres et Maflier, jusque dans les murs de Paris.

Paris. Cette plaine, dont la partie la plus basse et la plus connue porte le nom de *plaine Saint-Denis*, montre sur ses bords et dans son milieu les collines et buttes de gypse de Chelle, Mesnil-Montant, Montmartre, Sanois, Montmorency, etc. Ces collines ne lui appartiennent pas et n'altèrent pas son niveau qu'on trouve à peu près le même dans les intervalles qui les séparent et qui portent très-improprement le nom de *vallées*. Elle a donc peu d'inégalités qui lui soient propres; mais elle est généralement assez élevée, et presque au niveau des dernières assises du calcaire grossier : car on voit au moyen de la carte qu'elle est bordée partout de calcaire marin, excepté au sud-est où elle est limitée par le calcaire siliceux. Or, nous ferons observer qu'il faut toujours monter pour y arriver de quelque point qu'on parte, soit des bords de la Seine, soit des rives de l'Oise ou de la Marne. Si l'une de ces rivières a entamé le plateau calcaire, comme à Charenton, à Herblay, à Méry, etc., on gravit rapidement sur le sommet du plateau, et on se trouve, en descendant très-peu, sur la plaine de terrain d'eau douce. Si la rivière a entamé le terrain d'eau douce lui-même, comme à Saint-Ouen, il faut encore monter pour atteindre le niveau de la plaine.

Il paroît que, dans plusieurs parties de cette plaine le terrain d'eau douce a une épaisseur considérable, et qu'il recouvre immédiatement le calcaire marin qui, dans ce cas, paroît être réduit à très-peu d'épaisseur; mais nous n'avons pas toujours pu reconnoître ce qu'il y a au-dessous.

Lorsqu'on perce cette plaine de terrain d'eau douce à peu de distance du calcaire marin, on retrouve la formation marine, mais à l'état de grès marin, comme à Pierrelaye, à Ézainville.

Les plaines déjà élevées qui sont, l'une au sud-ouest de la colline de Montmorency, et l'autre au nord-est de cette même colline, ont absolument la même structure. Nous l'avons fait connoître à l'article du *Calcaire marin*, §. V, p. 88 et 90.

Au-delà de Moiselles, sur la route de Beaumont-sur-Oise, le calcaire d'eau douce devient bien plus épais : on y a creusé des marnières qui ont plus de deux mètres de profondeur, dans lesquelles on remarque d'abord des lits minces, tantôt tendres et feuilletés, tantôt durs, et composés de rognons déprimés et horizontaux : les supérieurs renferment une quantité immense de *bulimes nains*; les autres ne font voir presque aucune coquille. On trouve au milieu d'eux un lit interrompu, mais horizontal, de silex grisâtre qui se fond dans la marne. La partie inférieure de cette couche est composée d'assises plus épaisses, plus dures, se désaggrégeant à l'air avec la plus grande facilité, et ne faisant voir aucune coquille.

Le terrain d'eau douce de cette plaine est généralement composé de marne calcaire assez dure, comme à Mesnil-Aubry, à Châtenay, à Beauchamp, etc. ; on y trouve aussi des silex compactes, homogènes et bruns, comme à Fontenay, à la Patte-d'Oye, près Gonesse; des silex résinites comme à Saint-Ouen ; des silex ménilites enveloppant des limnées blancs, comme à Saint-Ouen et dans le canal de l'Ourcq au-delà de Sevran.

La berge de la rive droite de la Seine, de Saint-Ouen à Saint-Denis, présente une coupure de ce terrain qui peut faire connoître les différens lits qui le composent, et donner ainsi une idée générale de la structure de la plaine Saint-Denis.

Pour prendre ce terrain dans sa plus grande épaisseur, il faut l'examiner près de Saint-Denis, à la petite butte sur laquelle est placé le moulin de la Briffe; on peut alors y reconnoître la succession suivante dans les couches principales et essentielles, en allant de haut en bas :

1°. Vingt à vingt-quatre lits de marne argileuse, calcaire, sableuse, gypseuse, renfermant des concrétions sphéroïdales, calcareo-gypseuses, assez compactes, et composées de lames quelquefois concentriques et de cristaux lenticulaires informes réunis en rose.

2°. Au-dessous de ces marnes se trouvent des lits alternatifs de calcaire d'eau douce compacte, de marnes blanches friables renfermant des coquilles d'eau douce désignées ci-dessous (1), des silex ménilites enveloppant ces mêmes coquilles, des silex blonds transparens renfermant des lames gypseuses et enveloppés souvent de silex nectique.

Ces lits alternent, et les mêmes se représentent plu-

---

(1) *Bulimus atomus.*
— *pusillus.*
Cyclostoma mumia.
Limneus longiscatus.

sieurs fois. Enfin nous avons trouvé dans les marnes blanches qui renferment les coquilles d'eau douce, des os fossiles qui nous ont paru provenir du *palæotherium minus*.

Une partie du canal de l'Ourcq, près de Sevran, est creusée dans un terrain analogue à celui-ci. Après avoir percé le limon d'attérissement, on arrive au terrain d'eau douce composé absolument des mêmes matières que celles que nous venons de décrire, et surtout de ces silex ménilites d'un gris roussâtre qui enveloppent des limnées très-gros et des planorbes. Nous ne connoissons dans cette plaine aucune véritable meulière d'eau douce.

Si nous passons maintenant sur la rive gauche de la Seine, et tout-à-fait à l'ouest de Paris, nous trouvons à douze lieues de cette ville, depuis Adainville jusqu'à Houdan, le terrain d'eau douce. C'est un calcaire dur fragmentaire qui fait évidemment partie de celui que nous avons vu à Maulette tout près d'Houdan, et dont nous avons décrit la structure et les rapports avec le calcaire marin, au § XII de la troisième formation, page 134.

De Houdan à Mantes nous n'avons point vu d'indice du terrain d'eau douce avant Mantes-la-Ville (1); mais sur le sommet de la colline de calcaire marin qui est à

---

(1) Quoique nous ayons fait deux fois ce chemin, nous ne prétendons pas qu'une recherche plus scrupuleuse ne puisse en faire trouver sur quelques plateaux.

l'est de ce village, on voit une couche de sept à huit décimètres d'épaisseur, qui consiste en un calcaire jaunâtre, compacte, homogène, dur, mais très-facile à casser, et ayant une cassure largement conchoïde. Les ouvriers l'appellent *clicart;* il ne peut pas se tailler, et cette particularité en restreint beaucoup l'usage. Il recouvre immédiatement le calcaire marin, et renferme principalement et en grande abondance le *cyclostoma mumia*, avec quelques coquilles turbinées, ayant un grand nombre de tours de spires, et qui pourroient être ou des potamides ou des *cerithium lapidum*. Elles sont trop engagées dans la pierre, et trop peu caractérisées, pour qu'on puisse en déterminer l'espèce et même le genre avec certitude.

En revenant vers Paris, on peut observer à l'ouest de Versailles, entre Neauphle et Beyne, un gisement assez remarquable du calcaire d'eau douce. La base de la colline qui porte le bois de Sainte-Apolline, Neauphle-le-Château et Villiers, est gypseuse. Les huîtres qu'on trouve abondamment à l'entrée du parc de Pontchartrain, au moulin de Pontel, etc. caractérisent cette formation. En suivant la vallée qui va de Neauphle-le-Vieux à Beyne, on monte, précisément à l'est du hameau de Crissay, sur un petit coteau qui est composé de calcaire d'eau douce très-dur. Ce calcaire renferme une quantité innombrable de coquilles d'eau douce dont les principales sont le *limneus longiscatus*, le *cyclostoma mumia*, et une paludine que nous avons trouvée fossile pour la première fois dans ce lieu, qui a quelque ressemblance avec le *paludina vivipara*, mais qui ressemble encore plus au *paludina unicolor* rapporté de l'Orient par M. Olivier.

Si on monte sur les sommets des coteaux élevés qui bordent ce vallon à l'est et en face de Beyne, on retrouve les silex et meulières de la formation d'eau douce supérieure.

Nous croyons devoir revenir sur les caractères qui peuvent servir à distinguer les deux formations d'eau douce lorsqu'on les trouve isolées, présenter de nouveau le tableau de ces caractères, récapituler les principaux lieux où nous avons pu étudier et décrire ces terrains, et essayer de rapporter ces différens lieux à chacune des formations d'eau douce que nous avons établies. Nous répétons que nous ne présentons ces caractères et la division qui en résulte qu'avec circonspection.

Les terrains d'eau douce inférieurs ou de première formation, paroissent être de la même époque que le gypse des environs de Paris. Ils sont donc, ou dans le gypse même, ou immédiatement sous le gypse ou sur le gypse, ou enfin à la place que devroit occuper le gypse quand celui-ci manque; ils sont placés immédiatement sur le calcaire marin ou sur le grès marin qui paroît faire partie de ce calcaire et en former les assises supérieures.

Ce premier terrain d'eau douce est ordinairement calcaire; il renferme des rognons siliceux, mais il n'est jamais complettement siliceux. Il présente pour coquilles caractéristiques le *cyclostoma mumia*, le *limneus lon-*

giscatus et des paludines; on n'y trouve ni potamides ni hélices.

Les terrains suivans possédant tous ces caractères, on pourra les rapporter à la première formation d'eau douce.

Au nord de la Seine :

>La plaine Saint-Denis, et par conséquent Saint-Ouen, Beauchamp, Ezainville, Gonesse, le Mesnil-Aubry, etc.
>Moisselles, jusqu'à la descente de Maflier.
>La Ferté-sous-Jouare.
>Nanteuil-le-Haudouin.

Au midi de la Seine :

>Les couches qui recouvrent le calcaire à Grignon et aux environs.
>Maulette et les environs.
>Crissay.
>Mantes-la-Ville.

Le terrain d'eau douce supérieur, ou de seconde formation, est le plus nouveau et le dernier des terrains. Il est donc ordinairement situé sur les plateaux les plus élevés au-dessus des grès sans coquilles, du sable argilo-ferrugineux et des meulières sans coquilles. Le gypse ou les marnes qui le représentent, quelque minces qu'elles soient, sont entre ce terrain d'eau douce et le calcaire marin inférieur. Il n'est donc jamais immédiatement placé sur ce calcaire, quoiqu'il puisse toucher de très-près la seconde formation marine, celle qui est supérieure au gypse, quand les sables sans coquilles, etc. qui la recouvrent ordinairement n'existent pas, ou quand ils sont très-minces. Il est quelquefois entièrement calcaire et fort épais; mais il est aussi quelquefois entièrement siliceux. Ses coquilles caractéristiques sont les potamides, les hélices, les limnées cornés; nous n'y avons jamais vu de *cyclostoma mumia*.

Ce terrain étant superficiel, doit paroître bien plus commun que le précédent. Les lieux où il se montre sont :

Sur la rive droite ou septentrionale de la Seine,

> Le sommet de la colline de Belleville et de celles qui s'étendent jusqu'à Carnetin.
> Dammartin.
> Tout le plateau de la forêt de Montmorency.
> Tout celui de la colline de Sanois.
> Grisy.
> Le sommet de la colline qui va de Triel à Meulan.

Entre Seine et Marne :

> Le sommet de la colline de Champigny.
> Les hauteurs de Quincy près Meaux.
> Les sommets des collines qui entourent Melun.

Sur la rive gauche ou méridionale de la Seine :

> Tous les plateaux calcaires de la forêt de Fontainebleau.
> Tous les environs d'Orléans. Ici le terrain d'eau douce est calcaire, et d'une épaisseur considérable.
> Toute la Beauce.
> Les hauteurs de Meudon, Clamart, etc.
> Palaiseau.
> Lonjumeau.
> Les sommets des collines qui bordent les vallées de la Bièvre, de l'Yvette, etc.
> La plaine de Trappes, etc.
> Rambouillet.
> Les sommets des collines qui entourent Épernon.
> Les sommets des collines qui sont à l'ouest de Thiverval.

Si on se rappelle la description spéciale que nous avons donnée de ces lieux, soit dans cet article, soit dans les articles précédens, on verra qu'ils possèdent tous l'ensemble des caractères que nous venons d'assigner aux terrains d'eau douce de seconde formation.

ONZIÈME FORMATION.

Le limon d'atterrissement.

L E sol d'atterrissement a deux positions différentes aux environs de Paris. Dans la première il se trouve dans les vallées. Tantôt il en remplit le fonds ; il est alors ou de sable, ou de limon proprement dit, ou de tourbe : tantôt il forme dans ces mêmes vallées des plaines étendues assez élevées au-dessus du lit actuel des rivières. Ces plaines sont ordinairement composées de cailloux roulés ; elles descendent vers le lit des rivières en forme de caps arrondis qui correspondent presque toujours à un sinus à bords escarpés qui forme la rive opposée de la rivière.

Dans la seconde position, et c'est la plus rare, le limon d'atterrissement se trouve dans des plaines éloignées des vallées actuelles.

Nous ne parlerons point ici du limon d'atterrissement que forment encore actuellement nos rivières, mais seulement de celui qui, par sa position, sa nature, la grosseur de ses parties, etc. ne peut avoir été déposé par nos rivières dans leur état actuel, en supposant même les débordemens les plus grands que l'on connoisse depuis les temps historiques.

Nous allons d'abord décrire le sol d'atterrissement des vallées, en suivant le cours des principales rivières; nous parlerons ensuite de celui des plaines.

La vallée de la Seine nous offre de nombreux exemples de la disposition du sol d'atterrissement en caps avancés, mais bas, et composés de sable ou de cailloux roulés. En remontant cette rivière depuis Meulan, le cap de Chanteloup en face de Poissy, celui qui porte la forêt de Saint-Germain, celui de Chatou qui porte le bois du Vésinet, celui de Gennevillier, celui de Boulogne qui porte le bois de ce nom, et celui de Vaugirard qui forme la plaine de Grenelle, sont tous composés de la même manière, c'est-à-dire d'un plateau calcaire élevé, placé à une certaine distance du lit actuel de la Seine et d'une plaine qui tantôt descend insensiblement de ce plateau vers la rivière, tantôt part du pied escarpé du plateau. Cette plaine est toujours composée de limon brunâtre près de la rivière, de sable fin dans son milieu et de gros sable ou même de cailloux roulés vers le pied du plateau. Cette distribution est constante dans tous les lieux que nous venons de nommer. Ainsi le sol sablonneux et caillouteux de la partie la plus septentrionale de la forêt de Saint-Germain, celui du bois du Vésinet, celui du bois de Boulogne, etc. appartiennent presque totalement à la partie la plus ancienne et la plus élevée de la formation d'atterrissement. L'épaisseur de ce sol est très-variable : elle est de 4 mètres dans la plaine des Sablons, près la porte Maillot; elle est de plus de 6 mètres dans la plaine de Grenelle, près de Vaugirard. Ce sol renferme quelquefois de gros blocs de grès et de meulières qui y sont épars, et qui, formés ailleurs, y ont été apportés par des forces dont nous ne connoissons plus d'exemples dans nos cantons; car la Seine, dans ses plus grands débordemens, n'est pas capable de faire changer de place un caillou de la grosseur de la tête, et d'ailleurs elle n'atteint jamais la partie élevée de cet ancien sol d'atterrissement. On y trouve aussi quelques morceaux roulés de granite, et d'autres roches primitives. A l'extrémité de ces caps, la rivière formant un arc, serre de très-près le coteau souvent très-escarpé et toujours en pente rapide qui leur est opposé, comme on peut le voir de Meulan à Triel, de Verneuil à Poissy, de Conflans à Sartrouville, de Saint-Germain à Bougival, de Courbevoye à Sèvres, d'Auteuil à Chaillot, etc. etc.

De Paris à Moret, la Seine étant beaucoup moins sinueuse, présente aussi beaucoup moins de ces plaines d'atterrissement, et la seule remarquable est celle qui va de Melun à Dammarie.

Les atterrissemens qu'offrent l'Oise et la Marne suivent absolument les mêmes règles; mais ceux de la Marne sont généralement composés d'un limon plus fin, et nous n'y avons pas remarqué ces cailloux volumineux que nous venons de citer dans les atterrissemens de la Seine.

Le limon d'atterrissement des petites rivières, toujours très-fin, est plus propre à la végétation; aussi ces atter-

30*

rissemens sont-ils souvent marécageux et quelquefois tourbeux. La vallée de la rivière d'Essone est remplie de tourbe qu'on exploite avec beaucoup d'avantage; on en trouve pareillement dans celle de la Bièvre.

C'est dans la partie la plus fine de ces atterrissemens qu'on trouve fréquemment des arbres dont le bois, peu altéré et comme tourbeux, est encore susceptible d'être brûlé.

Quand on y trouve des objets travaillés par les hommes, tels que des bateaux, des bois taillés, c'est toujours dans les parties qui servent encore de rives à la rivière, et jamais dans l'ancien atterrissement.

Le sol d'atterrissement des plaines éloignées et même séparées de nos vallées actuelles, ne se distingue que très-difficilement du terrain d'eau douce, et dans quelques cas il se confond entièrement avec lui. Il paroît plus ancien que celui des vallées, à en juger par la position et par les fossiles qu'il renferme.

Les environs de Sevran, qui géologiquement font partie de la plaine d'eau douce de Saint-Denis, creusés très-profondément pour le passage du canal de l'Ourcq, nous ont permis d'observer avec soin la structure de ce sol.

A quelque distance de Sevran, le canal est creusé dans une marne argileuse jaunâtre renfermant des lits d'argile d'un gris perlé, qui contient des silex ménilites et des masses de marne calcaire compacte. Ces silex présentent deux particularités remarquables : 1°. ils sont disposés en lignes qui forment des zigzags dont les principales directions sont parallèles ; 2°. ils sont tous remplis de coquilles d'eau douce des genres limnées et planorbes. Ces coquilles ne sont pas assez bien conservées pour qu'on puisse en déterminer l'espèce.

Plus loin, à environ une lieue de Sevran, on arrive à une éminence de la plaine; on l'appelle *Butte des bois de Saint-Denis*. Elle a été coupée pour le passage du canal, et présente la succession de couches suivante : (pl. 3).

1. Terre meuble et végétale, environ . . . . 4 mètres.
2. Couche de sable jaunâtre assez pur, avec des lits de sable argileux dans sa partie supérieure 2
   Dans les lits de sables argileux supérieurs on trouve des limnées et des planorbes très-bien conservés, blancs et à peine fossiles.
3. Limon d'atterrissement très-noir, mêlé de sable jaune en lits ondulés 6
4. Lits alternatifs d'argile verte friable, de marne argileuse jaune et de marne argileuse blanche . . . . . .

Dans la partie que nous décrivons, et dans deux autres parties un peu plus éloignées, mais dont la structure est absolument semblable à celle-ci, les lits d'argile verte et ceux qui l'accompagnent s'enfoncent comme pour former un bassin qui est rempli par le limon noir et sableux. C'est dans la partie inférieure de ce limon qu'ont été trouvés les dents d'éléphans, les têtes de bœufs, d'antilopes et de cerfs d'Irlande que l'un de nous a décrites.

Il ne paroît pas possible d'attribuer cet atterrissement aux eaux qui couloient dans la vallée de la Seine; cette vallée est beaucoup trop éloignée de ce lieu, et beaucoup trop basse par rapport à lui. Il est probablement beaucoup plus ancien que ceux des vallées, et semble plutôt avoir été déposé au fond de lacs, de marais ou d'autres cavités de même espèce qui existoient alors dans le terrain plat, mais élevé, qui constitue actuellement la plaine Saint-Denis. La forme de ces dépôts, la nature et la finesse des matières qui les composent, leur disposition en couches plus ou moins inclinées ou courbées, tout concourt à appuyer cette supposition.

Nous terminons ici ce que nous avons à dire du sol d'atterrissement des environs de Paris; nous ne prétendons pas en avoir fait l'histoire complète. Ce sol, dont la connoissance est très-importante à l'avancement de la géologie, comme l'a fort bien prouvé M. de Luc, demande à être étudié avec un soin particulier, et pourroit à lui seul occuper pendant long-temps un géologiste qui voudroit le connoître avec détail et précision.

TROISIÈME CHAPITRE.

Nivellemens et coupes. — *Rapports des divers terrains entre eux, et considérations générales.*

Les hauteurs relatives des différentes formations que nous venons de décrire, étoient une connoissance curieuse à acquérir, utile pour établir les lois qui ont pu régir ces formations, si jamais on parvient à les découvrir, et nécessaire pour completter l'histoire géognostique du sol des environs de Paris; aussi avons-nous entrepris avec autant de suite et d'ardeur que les circonstances dans lesquelles nous nous trouvons ont pu nous le permettre, les observations propres à obtenir cette connoissance.

Le peu de hauteur de nos collines, et par conséquent les différences très-foibles qui peuvent exister dans le niveau des différens points d'une même couche, nous avoient fait croire que le nivellement géométrique étoit le seul moyen que nous puissions employer; mais dans ce même temps les travaux pratiques de MM. de Humboldt, Ramond, Biot et Daubuisson ont, d'une part, tellement perfectionné les méthodes de nivellement barométrique et l'instrument lui-même, et, de l'autre, tellement simplifié les méthodes de calculer les observations, que, même dans un pays presque plat, nous avons vu qu'il y avoit un avantage immense à adopter ce moyen simple, sûr et expéditif de nivellement. Nous avons donc mesuré, à l'aide du baromètre, la hauteur de plus de cinquante points aux environs de Paris; nous avons répété nos observations deux fois, même trois fois lorsqu'il nous a été possible de le faire.

Nous aurions desiré pouvoir les multiplier davantage, observer un plus grand nombre de points sur une surface plus étendue, et n'inscrire que les résultats des observations qui, répétées au moins deux fois, auroient été parfaitement d'accord entre elles; mais le temps ne nous a pas permis de donner à notre travail cette extension et ce degré de perfection. Nous ne présentons donc que comme un essai encore imparfait; quant aux petites différences de niveau, les coupes que nous donnons ici, ainsi que le tableau des hauteurs qui les précède et qui leur sert de preuve.

On ne doit regarder comme points exactement déterminés et placés, que ceux qui sont mentionnés dans le tableau qui va suivre. Toutes les lignes de jonction de ces points ont été mis, ou par supposition ou d'après d'anciennes observations dans lesquelles on ne peut avoir beaucoup de confiance. Mais on remarquera au moins que la plupart de ces points sont peu importans, tandis que ceux qui devoient donner des connoissances précises sur les hauteurs des diverses formations, tels que Montmartre, Montmorency, Bagneux, le calcaire de Sèvres, etc. ont tous été déduits de deux ou trois observations faites avec beaucoup de soin.

La vue de ces coupes et de la carte géognostique qui y est jointe, conduit nécessairement à des considérations générales

générales sur la disposition des divers terrains que nous venons de décrire, et à une récapitulation des règles qu'elle paroît avoir constamment suivies; elle nous amène à rechercher quel aspect ont dû présenter ces divers terrains avant d'avoir été recouverts par ceux qui se sont déposés sur eux, et par conséquent quels sont les divers changemens et révolutions probables que notre sol a dû éprouver avant de prendre la forme que nous lui connoissons.

Nous tâcherons d'être aussi réservés dans ces considérations générales que nous l'avons été dans les conséquences particulières que nous avons déjà eu occasion de tirer, et de nous défier de la propension aux hypothèses à laquelle conduit presque irrésistiblement l'étude de la structure de l'écorce de la terre.

On voit d'abord, tant par les coupes que par nos descriptions, que la surface de la craie qui constitue le fond de cette espèce de golfe ou de bassin, est très-inégale, et que les inégalités qu'elle présente ne ressemblent pas à celle de la surface du sol actuel.

Tandis que celui-ci offre de vastes plateaux tous à peu près au même niveau, des couches horizontales qui les divisent, et des vallons réguliers qui les sillonnent, la craie au contraire ne présente que des masses sans couches, des promontoires ou des îles; et si on la suit dans les lieux plus éloignés de Paris, où elle se montre à nu et beaucoup plus élevée, on la voit former des escarpemens et des faces abruptes sur le bord des vallées, et de hautes falaises sur les rivages de la mer.

L'argile plastique et le sable qui la recouvrent ont commencé, dans quelques points, à unir ce sol raboteux, en remplissant les cavités les plus profondes et s'étendant en couches minces sur les parties élevées ; mais ce dépôt argileux s'est beaucoup trop ressenti des inégalités de la surface du sol de craie : c'est ce qui rend sa présence toujours incertaine et son extraction souvent dispendieuse, à cause des recherches infructueuses qu'on est obligé de faire. La coupe que nous donnons du sol des environs d'Abondant, près de Dreux, montre cette disposition telle qu'on peut se la figurer d'après les résultats des fouilles nombreuses qu'on a faites dans ce lieu pour en extraire l'argile qui y possède une qualité réfractaire assez rare.

La surface du sol de craie peut avoir été ou sous marine ou découverte par les eaux qui se seroient retirées pour revenir ensuite déposer le terrain de calcaire grossier. La première hypothèse est la plus simple, et par cela même doit être admise de préférence ; mais la seconde a aussi en sa faveur la séparation nette et complette qui se montre dans beaucoup de points, et peut-être partout, entre le dépôt de craie et celui de calcaire grossier.

La craie, avant d'être recouverte par le calcaire, le gypse, etc. qui se sont déposés sur sa surface, paroissoit donc devoir former un sol, une campagne dont les collines et les vallées, et par conséquent l'aspect étoit très-différent de celui de notre sol actuel ; mais voyons si cette ancienne surface a passé à la surface présente sans intermédiaire. C'est sur quoi nos coupes pourront encore nous donner quelques lumières.

On voit, tant par la carte que par ces coupes, que le fond du bassin de craie a été recouvert, en partie rempli, et ses inégalités considérablement adoucies par un dépôt de calcaire marin grossier.

Ce calcaire marin s'étendoit-il en couches horizontales dont la surface supérieure et extérieure formoit une plaine unie, sur tout le bassin de craie, en faisant disparoître entièrement toutes les inégalités de son fond, ou suivoit-il de loin ces inégalités de manière, non pas à les faire disparoître entièrement, mais seulement à les adoucir ? Cette dernière supposition nous paroît la plus fondée, sans qu'on puisse cependant en donner d'autres preuves que les observations suivantes.

A mesure qu'on s'éloigne du bassin particulier au milieu duquel sont situés Paris et Montmartre, on voit non seulement les collines calcaires s'élever, mais les lits reconnoissables qui entrent dans cette formation s'élever également, comme on peut le remarquer sur la coupe de la plaine de Montrouge.

Nous savons d'ailleurs par M. Héricart de Thury que les bancs calcaires de dessous Paris vont en s'approfondissant, en s'amincissant, et même en se désagrégeant tout-à-fait à mesure qu'on s'approche de la rivière. On remarque sur la coupe n° 1, que le *banc vert*, à l'extrémité de la rue de l'Odéon, est au niveau de la rivière, tandis que ce même banc, qui suit toujours celui qu'on nomme *roche*, est à quarante mètres d'élévation dans les carrières près de Bagneux. On observe à peu près la même disposition dans les autres couches. Le calcaire est peu élevé sur les bords de la plaine de Grenelle, depuis Vaugirard jusqu'à Issy; mais il s'élève considérablement à Meudon. La même disposition se remarque de l'Étoile à Saint-Germain, sur la coupe n° 5.

Le calcaire grossier, en se déposant sur les parois du bassin de craie, l'a donc recouvert d'une couche qui paroît avoir suivi de loin les principales inégalités du fond de ce bassin. Cette disposition n'a apporté aucun changement dans l'ordre de succession des différens lits qui composent cette formation; mais elle en a apporté de très-grands et dans leur hauteur et dans leur épaisseur relative. Ainsi la carte et nos coupes font voir que le calcaire grossier, très-haut à Grignon (coupe n° 3), à Meudon et à Chantilly, va en s'abaissant vers la plaine de Montrouge, vers celle de Colombe et sur toutes les collines basses qui entourent la plaine de Saint-Denis. On ne connoît pas précisément ce calcaire, ni dans cette plaine, ni dans ses appendices étendues et coloriées en vert sur la carte, soit parce qu'il y est trop profondément situé, soit parce qu'il a pris une nature minéralogique qui le fait méconnoître; mais on retrouvera facilement cette formation à la place et presque au niveau qu'elle doit occuper, si on veut la rechercher avec quelque attention et au moyen des caractères géologiques qui lui sont propres.

On peut remarquer, non seulement aux environs de Paris, mais dans un grand nombre d'autres lieux, que chaque espèce de formation est séparée de celle qui la suit ou de celle qui la précède, par un lit de sable siliceux friable ou agglutiné en grès, et plus ou moins épais. Ainsi, entre la craie et le calcaire à cérites on trouve des bancs de sable très-puissans alternant avec l'argile plastique. Les lits inférieurs de ce calcaire sont souvent aussi sablonneux que calcaires. On reconnoît également à la partie supérieure du calcaire grossier ou à cérites, et par conséquent vers la fin de la formation, soit des dépôts de quartz et de silex corné assez abondans, comme à Neuilly, à Passy, à Sèvres, à Saint-Cloud, etc.; soit des bancs de grès puissans, tantôt coquilliers, comme à Triel, Ezainville, etc., tantôt et même plus souvent sans coquilles dans la plus grande partie de leur épaisseur, comme à Villiers-Adam, à la descente de Maflier, à Louvres, etc.; enfin la masse énorme de sable ou de grès qui surmonte presque partout le gypse, qui est la dernière des trois grandes formations de nos cantons, vient confirmer d'une manière bien évidente cette règle générale.

C'est par le grès marin qui forme ordinairement les derniers lits du calcaire à cérite, que se manifeste la présence de cette formation dans plusieurs points de la plaine Saint-Denis. Les lieux où nous l'avons décrit sont principalement Beauchamp près de Pierrelaye, Ezainville, le fond de la carrière dit de *la Hutte-au-Garde*, à l'ouest de Montmartre, et celui du puits de la rue de la Rochechouart, au sud de cette même colline.

Qu'on examine maintenant sur les coupes n°s 1 et 2,

et qu'on compare le niveau de ces grès ou de cette partie supérieure du calcaire marin avec celui de la plaine Saint-Denis, et on verra que si cette plaine et ses dépendances paroissent assez basses quand on les parcourt, c'est à cause des buttes de gypse qui y sont placées et qui les dominent ; mais en examinant sur nos coupes la véritable position de ces grès, on voit qu'ils sont très-élevés au-dessus du sol d'atterrissement, tous à peu près au même niveau, et que ce niveau est à peu de chose près celui du calcaire marin de Saint-Maurice près Vincennes, de la plaine de Grenelle un peu au-dessus de Vaugirard, de la partie la plus basse de la plaine de Montrouge, de Neuilly, et de toutes les couches calcaires qui avoisinent la plaine Saint-Denis.

Les coquilles marines trouvées au fond du puits de la rue de la Rochechouart paroissent faire une exception à cette règle par leur position beaucoup inférieure à celle de toutes les autres ; mais il faut observer que ce lieu est très-près du lit de la Seine, et par conséquent de la partie la plus basse de la vallée : ce qui s'accorde avec ce que nous avons dit plus haut sur la manière dont les couches calcaires paroissent avoir suivi la forme du bassin de craie. Ainsi on peut dire que si les constructeurs ne reconnoissent pas de pierre calcaire proprement dite dans la plaine Saint-Denis, la formation de ce calcaire marin n'existe pas moins dans cette plaine pour le géologue, et qu'elle n'y est recouverte que par un dépôt souvent très-mince de terrain d'eau douce.

Ces réflexions, que doit faire naître nécessairement l'étude de nos coupes, nous porte à croire que le calcaire marin ne formoit pas aux environs de Paris une plaine unie d'un niveau à peu près égal partout; mais qu'après avoir été déposé, et avant qu'aucune cause subséquente ait pu en sillonner la surface, il présentoit déjà des vallées et des collines; les premières peu profondes, les autres peu élevées, et suivant les unes et les autres, tout en les adoucissant, les inégalités du sol de craie. Telle a dû être la surface du second sol des environs de Paris avant que la troisième formation soit venue s'y déposer, et avant que les eaux ou d'autres causes que nous ne pouvons assigner, aient creusé des vallées qui n'étoient pour ainsi dire qu'ébauchées.

Le terrain qui est venu recouvrir le calcaire marin ne renferme plus de productions marines; il ne présente au contraire que des débris d'animaux et de végétaux semblables à ceux que nous voyons vivre actuellement dans l'eau douce. La conséquence naturelle de cette observation, c'est que la mer, après avoir déposé ces couches de calcaire marin, a quitté ce sol qui a été recouvert par des masses d'eau douce variables dans leur étendue et dans leur profondeur. Ces amas d'eau douce ont déposé sur leur fond, d'abord du calcaire, tantôt pur, tantôt siliceux, renfermant de nombreux débris des coquilles qu'elles nourrissoient, ensuite des bancs puissans de gypse alternant avec des lits d'argile.

L'inspection des coupes semble indiquer que ces dépôts ont été plus épais dans les parties où le calcaire marin étoit plus profondément situé, et plus minces sur les plateaux élevés de ce calcaire. Mais, quoique les couches de gypse d'un même bassin soient à peu près au même niveau, comme on peut le voir sur les coupes n°. 1 et 2, de Bagneux à Montmorency, on y voit aussi : 1°. qu'elles sont un peu plus relevées sur les bords du bassin dont Bagneux et Clamart faisoient très-probablement partie, et un peu plus basses, mais beaucoup plus épaisses dans le milieu de ce bassin, c'est-à-dire dans le lieu où sont situés Montmartre, Sanois, etc. 2°. que ces couches de gypse ne se continuoient pas horizontalement d'une colline à l'autre, lorsque l'espace qui les séparoit étoit considérable, mais qu'elles suivoient encore à peu près les inégalités du fond sur lesquelles elles se déposoient. Ainsi la coupe n° 2 nous fait voir le gypse de Saint-Brice, à l'extrémité orientale de la colline de Montmorency, un peu plus bas que dans le milieu de cette colline ; celui du nord de Montmartre, à Clignancourt, est sensiblement plus bas que dans le centre de cette montagne, et cette inclinaison est même tellement forte dans certains points, qu'elle a forcé les couches de se rompre et de se séparer, comme on l'observe dans la carrière de Clignancourt.

Il paroît que la formation de calcaire inférieur formoit, au lieu dit *la Hutte-au-Garde*, une sorte de protubérance. (1) Aussi les couches de gypse appliquées ici

---

(1) Cette protubérance du calcaire marin fait probablement partie d'une colline intérieure de calcaire qui entoure Paris au nord, qui forme le plateau
immédiatement

immédiatement sur le calcaire marin, sont-elles plus hautes que les couches correspondantes dans le corps de la montagne. Nous avons indiqué par une ligne ponctuée la forme que nos nivellemens permettent d'attribuer à cette protubérance.

Le gypse porté à Clamart sur une masse puissante de calcaire marin, est dans une position très-élevée; mais en continuant d'aller au sud, et en descendant dans la vallée de l'Yvette, ce calcaire marin, probablement très-profond, disparoît entièrement; et on voit le gypse, les huîtres et toutes les parties de la formation gypseuse s'abaisser vers cette vallée ou vers le milieu de ce second bassin.

Il paroît donc que la surface de la formation gypseuse proprement dite, avoit aussi des collines et des vallées qui lui étoient propres; que ces inégalités avoient quelques rapports avec celles du sol inférieur, mais qu'elles étoient encore plus adoucies que celles du calcaire grossier. Ainsi, nous ne pensons pas qu'il régnât de Montmartre à Montmorency, d'une part, et de Montmartre à Bagneux, d'une autre part, une couche de gypse parfaitement horizontale et continue; mais il paroît, autant qu'on peut en juger par les témoins qui restent, que cette couche s'abaissoit et s'amincissoit vers

---

qu'on remarque à la partie supérieure des rues de Clichy, de la Rochechouart, du Faubourg Saint-Denis, du Faubourg du Temple, etc., et qui semble lier le calcaire de Passy avec celui de Saint-Maurice.

les vallées de la Seine et de Montmorency, et présentoit déjà l'ébauche de ces vallées.

Enfin, une nappe de sable siliceux d'une immense étendue et d'une grande puissance, a recouvert tout le sol gypseux. Les productions marines évidentes, nombreuses et variées qui se trouvent dessous et dessus cette masse de sable, nous obligent d'admettre qu'elle a été déposée par une eau analogue à celle de la mer. Ce dernier dépôt se formant sur un sol déjà assez uni, a fini par niveler presque complettement le terrain. C'est ce que prouvent les nombreux témoins qui restent de ce sol, et qu'on voit sur nos coupes presque tous au même niveau. L'épaisseur considérable de ce sol, le peu d'adhérence de ses parties, et les faces abruptes qu'il présente sur le bord de presque tous les plateaux et collines, son absence totale des vallées qui séparent ces collines, sont des faits qui ne nous permettent pas de supposer que cette couche de sable ait été déposée partiellement sur chaque sommet ou plateau, ni que les vallées qui la sillonnent actuellement existassent au moment où elle s'est formée. Ces observations faciles à faire, évidentes, nombreuses, nous forcent donc d'admettre qu'à l'époque où les eaux qui ont amené cette nappe de sable se sont retirées, le sol des environs de Paris, maintenant si agréablement varié par ses coteaux, ses plaines et ses vallons, présentoit une plaine sablonneuse immense, parfaitement unie ou du moins foiblement creusée dans les parties où sont actuellement nos vallées les plus grandes et les plus profondes.

Telle doit avoir été la surface du troisième sol des environs de Paris, de celui qui a précédé immédiatement le sol actuel.

Ce sol uni a été modifié ensuite par des causes dont nous ne pouvons nous faire aucune idée satisfaisante; il a été coupé dans presque tous les sens par de nombreuses et belles vallées.

On a proposé, pour expliquer la formation des vallées des pays primitifs et secondaires, deux principales hypothèses qui ne peuvent s'appliquer ni l'une ni l'autre à la formation de nos vallées.

La première, qui est en grande partie due à M. de Luc, explique d'une manière fort spécieuse la formation de la plupart des vallées des pays primitifs. Elle consiste à admettre des affaissemens longitudinaux de terrain. Dans cette supposition les faces des coteaux doivent présenter des couches inclinées, et le fond des vallons être de même nature au-dessous de l'atterrissement que le sommet au moins d'un des coteaux voisins. Mais nous devons faire remarquer de nouveau, 1°. que les couches conservent sur le bord des coteaux leur horizontalité et leur régularité, et 2°. qu'aucune de nos vallées ne présente sur son fond un sol semblable à celui des collines qui les bordent. Ainsi la plaine de Grenelle, celle du Point-du-Jour, le fond de la Seine à Sèvres, qui devroient être composés au moins de calcaire grossier, si on suppose que les terrains de sables et de gypses supérieurs ont été enlevés ou dissous par les eaux, offre la craie qui fait la base de ces terrains, et elle est simplement recouverte de quelques mètres d'atterrissement.

La seconde hypothèse est la plus généralement admise, parce qu'elle paroît très-naturelle et très-convenable à la théorie des vallées des terrains secondaires. On suppose que des courans puissans, dont nos rivières et nos ruisseaux sont les foibles restes, ont creusé les divers terrains qui constituent notre sol, en entraînant dans la mer les parties qui remplissoient ces immenses et nombreuses vallées. Certains faits paroissent assez bien s'accorder avec cette supposition : telles sont les faces abruptes des coteaux qui bordent les grandes vallées, et qui sont toujours placées vis-à-vis de vastes atterrissemens; les sillons ou érosions longitudinales que présentent à une hauteur assez grande, et à peu près au même niveau, les faces abruptes de certaines vallées. Sans rappeler les objections générales qu'on a faites contre cette hypothèse, et en nous bornant aux seules objections qui résultent de l'observation de nos terrains, nous demanderons quel énorme volume d'eau ne faut-il pas admettre pour qu'il ait pu entraîner les matières souvent tenaces et même dures qui constituoient les portions de couches qui manquent; et comment est-il possible qu'une pareille masse ait agi longitudinalement dans un espace étroit, sans enlever les terrains meubles et friables qui bordent ces vallées, et en laissant à ces terrains des pentes très-rapides et même des faces abruptes? Puis, passant par-dessus cette objection, nous demanderons avec M. de Luc ce que sont devenues toutes ces matières, ces masses de calcaire presque compacte, de grès, de meulières qui entrent dans la composition de nos couches, et cette énorme quantité de sable siliceux et friable, de marnes et d'argile qui lient ces matières; car il n'est point resté dans nos vallées la dix-millième partie de ces déblais immenses. Les atterrissemens qui en recouvrent le fond ne sont ni très-abondans ni de même nature que les plateaux qui les bordent. Ces atterrissemens sont presque toujours, à l'exception de ceux des grandes rivières, des vases fermes et argileuses, et des tourbes. D'ailleurs la pente de ces vallées est si peu rapide, que la Seine, qui remplit la plus grande d'entr'elle du volume d'eau le plus puissant, n'a pas la force de déranger, dans ses plus grands débordemens, une pierre de la grosseur de la tête. Enfin, et cette objection est la plus forte, on trouve de temps en temps des élargissemens qui ne paroissent renfermer ni plus ni de plus gros déblais que le reste de la vallée, et qui sont même quelquefois occupés par des lacs ou amas d'eau que les déblais de la partie supérieure de la vallée auroit dû nécessairement combler. L'inspection de la carte présentera une quantité considérable de marais, d'étangs et même de petits lacs dans les vallées les plus profondes et les plus circonscrites. Il faut donc encore se borner en géologie à l'observation des faits, puisque l'hypothèse qui paroît la plus simple et la plus naturelle est sujette à des objections jusqu'à présent insolubles.

Le plateau sableux est, comme nous l'avons dit, assez rarement à nu; il est recouvert presque partout d'un lit de terrain d'eau douce quelquefois très-mince, mais quelquefois épais de plusieurs mètres. Ce dernier lit n'ayant pas beaucoup changé l'aspect du sol, nous en faisons abstraction; il nous suffira de faire remarquer qu'on ne le trouve ni sur le sommet de Montmartre ni sur celui de la butte d'Orgemont. Le sommet de ces collines beaucoup plus basses que les autres, semble avoir été emporté, et avec lui le terrain d'eau douce qui le terminoit; peut-être aussi ce terrain n'y a-t-il jamais été déposé, car il est possible qu'il n'ait été formé que sur des plateaux d'une assez grande étendue pour avoir pu conserver, après la retraite des eaux marines, des marres d'eau douce : tels sont ceux de la Beauce, de Meudon, de Montmorency, de Mesnil-Montant, de Fontainebleau, etc.

Le défaut de parallélisme entre les surfaces supérieures des trois principales sortes de terrains qui constituent les environs de Paris, savoir, la craie, le calcaire marin grossier et le gypse avec les sables qui le surmontent, doit donc faire supposer que ces terrains ont été déposés d'une manière tout-à-fait distincte et à des temps nettement séparés les uns des autres; car ce défaut de parallélisme est un des caractères essentiels, suivant M. Werner, de la distinction des formations. La forme actuelle de la surface de notre sol nous force d'admettre qu'elle a été modifiée par des causes sur la nature desquelles nous n'avons aucune notion précise, mais qui doivent avoir eu une grande puissance, puisqu'elles l'ont entamé jusque dans le milieu des bancs de calcaire, comme on peut l'observer dans un grand nombre de points de la vallée de la Seine. Il paroît que ces causes ont agi principalement du sud-est au nord-ouest ; ce que nous indique l'alignement assez frappant de toutes les buttes et collines principales dont les sommets sont restés comme autant de témoins et de cette direction de la cause qui les a entamés, et du niveau à peu près le même partout du dernier dépôt.

Cette dernière cause est aussi celle qui a le plus éloigné la forme de la surface du sol actuel des environs de Paris, de celle qu'elle devoit avoir lorsque la craie en formoit le terrain le plus superficiel. Il régnoit alors une immense vallée entre le coteau de craie qui s'étend depuis le dessous de la plaine de Montrouge jusqu'à Meudon et Bougival, et celui qui reparoît au nord à Beaumont-sur-Oise.

C'est dans ce même lieu, et à la place de cette large et profonde vallée, que nous voyons maintenant les buttes, les collines et les plateaux de Montmartre, de Sanois, de Montmorency, etc. qui sont les points les plus élevés de nos cantons. On peut donc dire que si les surfaces des différens sols qui ont été déposés, depuis la craie jusqu'au sable, ont conservé quelque empreinte de celui sur lequel ils se sont comme moulés, il n'y a plus entre la forme de ce premier terrain et celle du sol actuel la moindre ressemblance. Si nous poussons plus loin la recherche curieuse des différences de cet ancien sol et du nôtre, sans toutefois nous écarter de la règle des analogies, et en nous permettant seulement de supposer que la mer a laissé quelque temps la craie à nu, nous devons nous figurer, à la place de nos fertiles campagnes de la Beauce, de la plaine Saint-Denis, de Gonesse, etc., de larges et blanches vallées de craie stériles comme celles de la Champagne, et conservant cette stérilité jusqu'au moment où des marais d'eau douce sont venus déposer les marnes calcaires et siliceuses susceptibles de se désaggréger, de nourrir des végétaux et d'être habités par les paléothériums et les autres quadrupèdes dont nous voyons les débris dans le terrain gypseux qui paroît avoir presque comblé ces marais ou ces lacs.

Nous devons nous arrêter ici. Ces tableaux de ce qu'a dû être notre ancien sol plaisent trop à l'imagination; ils nous conduiroient malgré nous à violer la loi que nous nous sommes imposée de ne décrire que des faits.

TABLEAUX

TABLEAUX

Des hauteurs mesurées aux environs de Paris, et qui ont servi à dresser les diverses coupes et profils de ce canton.

OBSERVATIONS PRÉLIMINAIRES.

L'INCERTITUDE où l'on est sur l'élévation précise de l'observatoire au dessus du niveau de l'Océan et l'inutilité dont cette mesure étoit pour l'objet de notre travail, nous a décidés à prendre pour base de toutes nos hauteurs le zéro du pont de la Tournelle. C'est le point d'où est parti M. Girard, ingénieur en chef des ponts et chaussées pour faire le nivellement détaillé de Paris; ce nivellement, qui a été fait avec la plus grande exactitude, nous a donné plusieurs points importans dans l'intérieur même de Paris, et nous a servi à comparer, dans ces cas, nos observations barométriques avec des observations géométriques très-précises. Nous y avons trouvé, comme on va le voir, une correspondance qui a dû nous donner de la confiance dans celles que nous n'avons pu contrôler par ce moyen.

Mais, quoique nous donnions nos hauteurs au-dessus du zéro du pont de la Tournelle, nous avons voulu cependant, 1°. pouvoir nous servir de mesures publiées avant nous, et qui donnent les hauteurs au-dessus du niveau de l'Océan ; 2°. indiquer les moyens de ramener toutes nos mesures à cette base commune et probablement invariable. Nous avons fait cette réduction d'après les données suivantes :

	Au-dessus de 0 du Pont de la Tournelle.	Au-dessus de l'Océan dans la Manche.
La cuvette du baromètre de l'observatoire est de 73 mètres au dessus du niveau de l'Océan, d'après M. Ramond, qui a pris une moyenne entre les observations de MM. Capron, Delambre et Biot, observations qui donnent des résultats très-différens, ci-	. . . .	73
La cuvette du baromètre de l'observatoire est à 40 mètres au dessus de zéro du pont de la Tournelle, d'après les données suivantes :		
Seuil de la porte nord de l'observatoire au dessus du zéro du pont de la Tournelle, d'après le nivellement de M. Girard 33.2		
Salle des baromètres au-dessus du seuil de la porte nord, d'après les mesures de M. Mathieu . . 5.6		
Cuvette du baromètre au-dessus du plancher . . 0.8		
Total 39.6		
En négligeant les décimètres, ci	40	
En ôtant cette somme de celle qui donne l'élévation de la cuvette du baromètre de l'observatoire au dessus de l'Océan, on a 33 mètres pour l'élévation présumée de zéro du pont de la Tournelle au dessus de l'Océan, ci.	. . . .	33
Nous ramènerons donc au zéro du pont de la Tournelle les résultats publiés avant notre travail, et qui donnent les hauteurs au-dessus de l'Océan, en soustrayant 33 mètres de ces résultats.		

M. Daubuisson ayant donné la hauteur de quelques points des environs de Paris, prise à l'aide du baromètre, nous avons dû les faire entrer dans notre travail. Il a fallu pour les ramener à notre point de départ, soustraire de ses résultats 40 au lieu de 33, parce que M. Daubuisson a calculé la hauteur de la cuvette du baromètre de l'observatoire, d'après les données suivantes :

Hauteur des moyennes eaux de la Seine au-dessus de l'Océan, d'après Capron. 34

Hauteur de la cuvette des baromètres de l'observatoire au-dessus des moyennes eaux de la Seine, d'après Picard. 46

Hauteur de la cuvette du baromètre de l'observatoire au-dessus de l'Océan 80

On voit que la différence de ce résultat avec le nôtre, vient de ce que M. Daubuisson a pris les données de Picard, tandis que nous avons cru convenable de prendre celles de M. Girard, plus nouvelles et plus précises, quant au point de départ.

Quand il y a plusieurs hauteurs indiquées pour le même point, celle qui a été employée dans nos coupes est marquée d'une astérisque *.

LIEUX.	AUTORITÉS.	Au dessus du o du Pont de la Tournelle.
		mèt.
Divers Lieux dans Paris pouvant servir de point de départ.		
L'Observatoire.		
Seuil de la porte du nord..	Girard, nivellement de Paris.	33.
La cuvette du baromètre..	Mathieu..........	40.
Hauteur totale de l'Observatoire 26.85......	Mathieu.	
Le parapet de la plateforme, (en négligeant les décimètres).	Idem...........	60.
Le fond des caves......	Mathieu, Hericard de Thury.	5.3
Le sol du Panthéon.......	Girard, nivellem. de Paris..	31.
Le pavé en face Notre-Dame...	Idem............	9.
Ligne N. Q. N. O. de Paris à la forêt de Montmorency. Coupe n°. 2.		
Le sol d'atterrissement dans Paris, à la Bourse de la rue Vivienne.	Girard, nivellement....	10.2
La porte Saint-Martin........	Idem...........	9.2
L'abattoire de la rue de la Rochechouart, bord du puits oriental...........	Girard, nivellement....	* 38.2
	Nos observ. barom.....	37.6
Les limnées dans ce puits...	Coupe de M. Belanger...	15.4
Barrière de Clichy........	Girard........	32.
Montmartre.		
Sommet au sol de la porte du cimetière...........	Daubuisson, observ. barom.	110.
	Girard, nivellement....	* 105.
	Nos observ. barom.....	103.

DES ENVIRONS DE PARIS.

LIEUX.	AUTORITÉS.	Au dessus de o du Pont de la Tournelle.
		met.
Plateau de la pyramide....	Lalande, Connoissance des Temps..........	88.
	Nivel. de M. Desmarest fils, en partant du sommet, 12^m ($105 - 12 = 93$.) ci. ..	93.
	Nos observ. barom.	91.
Le banc d'huîtres au S. O. ...	Nivell. de M. Desmarest fils, en partant du sommet, 26^m. ($105 - 26 = 79$)..	79.
	Nos observ. barom. du 24 avril 1810	73.
	Idem du 16 mars 1811...	* 77.
Epaisseur moyenne des diverses parties principales qui recouvrent la 1ʳᵉ masse à la carrière aux huîtres, à Montmartre. Du sommet au banc d'huître, épaisseur du sable .... 28. Des huîtres aux coquilles marines variées ..... 3.2 De ces coquilles aux marnes vertes......... 1.7 Epaisseur des marnes vertes. 4. Des marnes vertes au lit de cythérées......... 0.3 Du lit de cythérées au sommet de la 1ᵉʳᵉ masse ... 14. Total...... 51.2		
Sommet de la 1ʳᵉ masse de gypse. Carrière du midi, dite de l'Abbaye...........	Nos observ. barom.	63.

LIEUX.	AUTORITÉS.	Au dessus de o du Pont de la Tournelle.
		mèt.
Carrière du midi, un peu vers l'Ouest............	Nos observ. barom.....	* 62.
Carrière de l'Ouest, *dite* la carrière aux huîtres......	Par soustraction de l'épaisseur totale ci-dessus, (105 — 51 = 54) ci...	* 54.
	Nos observat. barom. du 24 août 1810.......	53.
	Idem du 16 mars 1811....	55.
Carrière du Nord à Clignancourt............	Nos observat. barométr...	47.
Carrière de l'Est.......	Nos obs. barom. du 24 avril 1810..........	60.
	Idem du 16 mars 1811....	60.
Fond de la 1ere masse. Carrière de l'Ouest attenant à la carrière aux huîtres....	Nos observ. barométr....	36.
Carrière du Nord à Clignancourt............	Nos obs. barom. du 24 avril.	27.
	Idem du 16 mars......	* 31.
Carrière de l'Est.......	Nos obs. barom. du 24 avril.	34.
	Idem du 16 mars.....	* 38.
Sommet de la seconde masse à la carrière de l'Ouest.....	Nos obser. barom......	36.
Fond de la seconde masse au même lieu............	Mesuré au cordeau....	27.
Sommet de la troisième masse à la carrière de la hutte au garde au N. O.........	Mesuré au cordeau, en partant du fond (8 m.)....	38.
Fond de la troisième masse au même lieu............	Nos observ. barom.....	30.
Saint-Ouen. Sommet du terrain d'eau douce............	Nos observ. barom.....	18.
Bord de la Seine.......	*Idem*, (mais au dessous du o).	— 4.

LIEUX.	AUTORITÉS.	Au dessus de o du Pont de la Tournelle.
		mèt.
Plaine Saint-Denis..........	Niveau moyen, d'après Girard.	24.
Butte d'Orgemont.		
Sommet de la butte, au moulin.	Nos observ. barom.....	101.
Marnes vertes.........	Idem............	92.?
Sommet du gypse......	Idem...........	52.
Sanois. Sommet de la colline, aux trois moulins.......	Cotte...........	141.
	Nos observ. baromètr.....	* 144.
Montmorency.	Cotte...........	* 82.
Sol de l'église.......	Schukburg........	81.
Saint-Leu. Sommet du gypse...	Nos observ. barom......	60.
	Idem du 16 mars 1810...	* 63.
Moulignon. Sommet du gypse...	Nos observ. barom.....	65.
Saint-Prix. Le village, qui est au niveau du sommet des marnes du gypse...........	Nos obser. bar... 1er obs..	91.
	Idem...... 2e obs..	* 92.
	Idem du 26 août 1810...	97.
Colline de Montmorency. Sommet du plateau sableux au dessus de Saint-Prix.......	Nos observ. barom.....	150.
Au dessus de Saint-Leu....	Nos observ. barom.....	* 155.
	Idem du 26 août...	151.
Au moulin des Champeaux...	Cotte..........	141.
Sommet du gypse à Saint-Brice, extrémité orientale de la colline............	Nos observ. barom......	56.
Beauchamp près Pierre-Laye, à l'Est de la ligne.		
Grès marin du calcaire....	Nos observat. barom.....	42.
Terrain d'eau douce qui le couvre...........	Idem...........	44.

LIEUX.	AUTORITÉS.	Au dessus du o du Pont de la Tournelle.
		mèt.
Ligne du Sud, de Paris à Longjumeau. Coupe n°. 1.		
LE CALCAIRE sous Paris.		
Le banc vert au bout de la rue de l'Odéon..........	Héricart-de-Thury.....	2.
Le banc vert dans les caves de l'Observatoire.......	Idem..........	4.3
Le calcaire dans la plaine de Montrouge.		
Ouverture du puits de la carrière du petit Montrouge.....	Nos observ. barométr...	39.
Le banc vert dans cette carrière.	Rapport des ouvriers....	17.
Carrière de Gentilly. La terre végétale...........	Nos observ. barom.....	50.
La roche.........	Mesurée au cordeau....	38.
L'argile plastique....	Mesurée au cordeau....	23.
Ouverture du puits de la carrière de Châtillon, n°. 42.....	Nos observ. barom.....	65.
La masse de roche dans cette carrière.......	Rapport des ouvriers....	44.
Ouverture du puits de la carrière la plus voisine du chemin de Bagneux...........	Obs. bar. de M. Daubuisson.	61.
LE GYPSE.		
Bagneux. Ouverture du puits de la carrière à plâtre du sieur Joulin............	{ M. Daubuisson...... Nos obser. barom. du 26 mars 1811...........	85. * 82.
Fond de la masse de gypse dans cette carrière........	Deux rapports des ouvriers à un an d'intervalle....	55.

DES ENVIRONS DE PARIS.

LIEUX.	AUTORITÉS.	Au dessus du o du Pont de la Tournelle.
		mètres.
Clamart. Ouverture du puits de la carrière à plâtre....	M. Daubuisson........	99.
	Nos obser. barom. du 10 mars 1810............	* 95.
Fond de la masse de gypse dans cette carrière.....	Mesurée au cordeau....	65.
Sceaux. Rez-de-chaussée de la maison de M. Defrance. 1 à 2 mètres au dessus du banc d'huître..........	Nos observ. barom. du 24 septembre 1809......	67.
Le banc d'huître........	Idem du 26 mars 1811...	* 66.
Antony. Ouverture du puits de la carrière à plâtre.....	Nos obs. bar. du 22 mars 1810.	52.
	Idem du 26 mars 1811....,	* 53.
Fond de la masse qui a 6 mètres.	Nos observ. bar. du 22 mai..	23.
	Idem du 26 mars.....	* 27.
	Rapport des ouvriers (80 pieds).........	27.
Longjumeau.		
Le banc de sable d'eau douce..	Nos observ. barom.....	75.
Le banc d'huître.......	Nos observ. barom. du 24 septembre 1809.....	52.
	Nos observ. barom. du 3 juillet 1810.........	* 58.
La Bièvre à Bièvre........	D'après Perronet et les données de Deparcieux (116 pieds au dessus de N. D.).	53.
L'Yvette au moulin de Vosgien..	D'après Deparcieux (83 pieds 9 pouc. au dessus de N. D.)	43.
Au moulin de Longjumeau.	Idem (44 pieds au dessus de N. D.).......	30.

1810.   34.

LIEUX.	AUTORITÉS.	Au dessus du o du Pont de la Tournelle.
		mètres.
Ligne du S. E. Q. E. de Paris à l'étang de Trappes. Coupe n°. 3.		
L'angle Est de l'Ecole Militaire au niveau du sol..........	Girard, nivellem. de Paris..	11.
La craie au fond du puits de l'École militaire. (29 mètres au dessous du bord).......	D'après M. Hazon, architecte.	— 18.
Vaugirard.		
Ouverture d'un puits à argile..	Nos observ. barom.....	23.
Le calcaire dans ce puits....	Rapport des ouvriers....	21.
L'argile plastique *dite* première ou fausse glaise.......	Idem............	12 à 10.
Seconde glaise......	....	0
La Seine à Sèvres. Eaux moyennes.	Picard, 3 pieds plus basse qu'à Paris........	— 2.
	J. d. min. n°. 119.....	— 3.
Meudon.		
L'atterrissement au bas des moulineaux..........	Notre nivellem. géom....	4.
La craie au plus haut point...	Idem............	23.
L'argile plastique au jour...	Idem............	33.
Le sommet du calcaire dans la même carrière........	Idem............	63.
Le sommet du calcaire au dessus de la Verrerie........	Nos observ. barom.....	59.
Le plateau sableux de Meudon, au rez-de-chaussée du Château............	Daubuisson, observ. barom..	161.
Sèvres.		
Le sommet du calcaire dans le parc de la Manufacture de porcelaine.........	Notre nivellem. barométr...	67.

LIEUX.	AUTORITÉS.	Au dessus du 0 du Pont de la Tournelle.
		mèt.
Le sommet du calcaire au haut du vallon de Sèvres....	Notre nivellem. barométr. .	69.
Le sommet du plateau sableux, au lieu dit *Le trou pouilleux*, près Ville-d'Avray.	Daubuisson.	147.
Le sommet du plateau sableux, au butard.	Nos observ. barom.	140.
Le pied de la lanterne dans le parc de Saint-Cloud....	Daubuisson.	80.
VERSAILLES.		
Le rez-de-chaussée du château de Versailles........	D'après les données de Picard.	141.
Le sommet de la montagne de Roquencourt, entre Bailly et Marly.	Notes communiquées par M. Coquebert........	152.
Le sommet de la colline de Sataury	D'après Picard.	152.
L'étang de Trappes	Idem...........	127.
GRIGNON.		
Sommet du banc friable à coquilles variées.	Nos observ. barom. moyenne de 3 observat.	79.

Ligne du N. O. de Paris à Saint-Germain. Coupe n°. 5.

L'Étoile. Barrière de Neuilly....	Girard, nivellem......	* 31.
	Daubuisson, observ. barom..	38.
	Nos observ. barom. du 26 avril 1810........	30.
Passy. Sommet du calcaire	Nos obs. barom.	30.

LIEUX.	AUTORITÉS.	Au dessus du o du Pont de la Tournelle.
		mét.
Bois de Boulogne. Rond des Victoires..............	Nos observ. barom.....	28.
Porte des Princes........	Idem............	14.
Plaine des Sablons près la porte Maillot............	Daubuisson, observ. barom..	18.
Carrière de calcaire à Neuilly....	Idem............	18.
Plateau de la croix de Courbevoye..	Idem............	49.
Mont-Valérien. Sommet....	Daubuisson, observ. barom..	141.
	Nos obs. bar. du 26 mai 1810.	*136.
Marnes vertes........	Idem............	78.
Sommet du gypse......	Idem............	48.
Plateau de la croix du roi...	Daubuisson........	66.
Le moulin sur le plateau au dessus de Ruelle......	Nos observ. barom.....	63.
Saint Germain. Sommet du plateau.	Lalande. Connoissance des Temps..........	63.
Bougival. Sommet de la craie....	Nos observ. barom.....	65.

Lieux plus éloignés qui peuvent être rapportés à cette ligne. Coupe n°. 5.

Liancourt près Chaumont. Sommet du calcaire............	Nos observat. barom....	98.
Gisors. Argile plastique immédiatement sur la craie au Mont-Ouin.............	Idem............	65.
Sommet du calcaire au Mont-Ouin.............	Idem............	111.

DES ENVIRONS DE PARIS.

LIEUX.	AUTORITÉS.	Au dessus du o du Pont de la Tournelle.
		mèt.
Ligne E. Q. S. E. de Paris au château de Cœuilly, et points qui peuvent y être rapportés. Coupe n°. 4.		
Plateau de Romainville, Belleville, etc.		
Bas du côteau près le bassin de la Villette.	Daubuisson, observ. barom.	36.
Bord du bassin de la Villette..	Girard, nivellem. de Paris.	26.
Sommet de coteau en face du bassin de la Villette. . .	Daubuisson.	82.
Au pied du télégraphe. . . .	*Idem.*	110.
Plaine Saint-Denis, au carrefour près de Pantin.	Girard, nivellement. . . .	24.
Saint-Maurice, près Vincenne.		
Plateau du bois de Vincenne à la demi-lune.	Nos observ. barométr. . . .	42.
Champigny. Sommet du calcaire siliceux	Nos observ. barom.	50.
Plateau de sable et de la formation d'eau douce sur la route à l'alignement du château de Cœuilly..	Nos observ. barométr. . . .	78.
Butte du griffon près de Villeneuve-Saint-Georges.	Notes communiquées par M. Coquebert.	97.

EXPLICATION

DES COUPES ET DES FIGURES.

Nous donnons cinq coupes de terrains qui partent en divergent de l'église de Notre-Dame, considérée comme le centre de Paris et qui suivent des directions très-différentes. Elles présentent toutes les formations de terrains décrites dans notre essai. Elles se rapportent aux cinq lignes tracées sur notre carte, et qui portent à leur extrémité les mêmes numéros que les coupes.

Les lieux placés sur les coupes, mais qui ne se trouvent pas sur la coupe principale y ont été rapportés par une projection perpendiculaire, et y ont été placés à la véritable distance où ils sont de Paris. Les différens lieux situés les uns au devant des autres sont distingués par des traits plus pâles ou plus foncés, suivant qu'ils sont en arrière ou en avant de la ligne principale.

Il a fallu, afin de pouvoir rendre sensibles la position et la puissance des diverses formations et leurs subdivisions, prendre une échelle de hauteur beaucoup plus grande que celle des longueurs. La première est à la seconde à peu près dans le rapport de 35 à 1. Il en est résulté que nos plateaux semblent avoir des pentes très-roides et presque escarpées, et que nos buttes ressemblent à des pics ou à des aiguilles. C'est un inconvénient, mais on ne pouvoit l'éviter sans tomber dans l'inconvénient beaucoup plus grand, ou de ne pouvoir placer dans les collines les divers terrains qui les composent ou de donner à ces coupes une longueur démesurée et absolument inutile à notre objet.

La ligne de niveau la plus inférieure, celle sur laquelle est placée l'échelle des longueurs indique le niveau présumé de la mer. La seconde ligne, beaucoup plus foible, est celle du niveau du o du pont de la Tournelle. Nous avons rapporté sur cette ligne et dans leur position, par rapport à la ligne de coupe, les noms des lieux traversés par cette ligne, ou de ceux qui y sont rapportés.

Les coupes spéciales de divers lieux, placées à l'extrémité des grandes coupes dans les places vides qu'elles laissoient, n'ont aucun rapport avec ces coupes, ni pour la position ni pour l'échelle, Grignon seul excepté.

Pl. I. Fig. 1. Cette coupe idéale et générale représente la position de tous les terrains des environs de Paris supposés réunis dans une même colline, avec la manière dont ils sont figurés sur les coupes, et avec les couleurs qui peuvent servir à les distinguer et qui ont été employées à cet usage sur la carte.

Fig. 2. Coupe, n°. 1, de Longjumeau à Paris.

- a. Plateau de Palaiseau.
- b. Bois pétrifié en silex.
- x. Silex compacte, jaspoïde et coquilles d'eau douce.
- m. Marne argilleuse rouge.
- g. Blocs de grès.
- s. Sable.

Coupe n°. 2, de Paris au plateau de la forêt de Montmorency.

B Les détails placés ici indiquent la disposition générale et le niveau du terrain d'eau douce, du grès marin, du grès sans coquille et du calcaire à Beauchamp, près de Pierrelaye au sud de la colline de Montmorency, à Ezainville et à Moiselle au nord de cette même colline et près de Mafliers, lorsqu'on descend de ce plateau dans la vallée de l'Oise près de Beaumont. La hauteur du grès est celle qui a été observée à Beauchamp.

Fig. 3. Coupe de Grignon. On a été obligé de la séparer, parce qu'elle eût allongé la coupe n°. 3, sans nécessité; mais elle est faite suivant l'échelle des coupes. L'argile, le sable et la craie y sont placés par supposition. On ne les voit pas à Grignon précisément.

Fig. 4. Coupe, n°. 3, de Grignon à Paris.

Le terrain d'eau douce de la Beauce est dans quelques parties de l'épaisseur indiquée ici.

Les lignes ponctuées qui vont des crayères de Meudon à la vallée de Saint-Nom, indiquent la pente de la vallée de Sèvres, montant vers le col où est situé le château de Versailles et celle de la vallée de Saint-Nom, descendant de ce col jusqu'à la Maudre. La pente de cette dernière est mise par supposition, ainsi que la hauteur des diverses formations qui y sont indiquées.

Fig. 5. Coupe de la forêt de Fontainebleau et de ses environs.

On a réuni dans cette coupe les divers terrains qui constituent le sol de la forêt de Fontainebleau et de ses environs. Elle n'a aucun rapport ni pour la position ni pour les hauteurs avec la coupe n°. 4, à laquelle elle est accolée.

A. Calcaire et sable d'eau douce avec de nombreuses coquilles. (Bouron, etc.)
B. Marne argilleuse et sablonneuse.
C. Grès en bancs et en blocs écroulés, et sable sans coquilles.
  C'. Cristaux rhomboïdaux de grès calcaires de Belle-Croix.
  C". Rocher détaché d'un banc de grès, et dont la surface de cassure se rapporte à celle de ce banc (au lieu dit *le Long Rocher.*)
D. Marne argilleuse et sélénite, représentant la formation gypseuse (Vaux le Penil, Basses-Loges, Melun au ruisseau de Nangis, etc.)
E. Calcaire siliceux sans coquilles, tenant la place du calcaire marin grossier.
F. Sable et argile plastique (Moret, butte de la pyramide, etc.)
G. Craie (Montreau, Nemours, etc.)

Fig. 6. Coupe, n°. 5, de Saint-Germain à Paris.
Le plateau de carrières-Saint-Denis est mis par supposition.

A. Les détails de la carrière de Neuilly indiqués ici, sont sur une échelle plus grande que le reste de cette coupe. Ils se rapportent à la description donnée, pag. 121, note 2.

B. Coupe particulière du terrain des environs de Chaumont et de Gisors, lieux éloignés de 65 et de 35 kilom. au N.-O. et l'O. de Paris. Elle est sur l'échelle des coupes.

Fig. 7.   Coupe du calcaire marin dans la plaine de la Marre - Saulx - Marchais, à l'ouest du bois de Beyne, décrit pag. 130.

N⁰ˢ. 9. Terre végétale et cérites.
8. Sable calcaire et prodigieuse quantité de cérites.
7. Calcaire friable, avec des morceaux irréguliers durs, saillans, et quelques coquilles mal conservées.
6. Calcaire sableux et immensité de coquilles variées.
5. Calcaire sableux et moins de coquilles.
4. Calcaire sableux, chlorite granulée et immensité de coquilles.
3. Terre argilo-sableuse rouge et coquilles différentes des précédentes, turritelles, vénéricardes, etc.
2. Terre argilo-sableuse rouge, pas une coquille.
1. Craie.

Fig. 8.   Coupe de la descente du plateau calcaire à Maflier, près Beaumont-sur-Oise, décrite p. 84.

N⁰ˢ. 1. Calcaire d'eau douce en fragmens.
2. Marne d'eau douce en feuillets horizontaux.
3. Petit lit de calcaire marin à coquilles brisées.
4. Sable sans coquilles.
5. Grès sans coquilles.
6. Calcaire dur mais sableux, renfermant des cérites.
7. Calcaire marin tendre, dit *lambourde*, renfermant un petit lit d'huitre. *h.*
8. Sable calcaire rougeâtre mêlé de chlorite.
9. Gros grains de quartz noir et roguons durs de calcaire spathique mêlé de chlorite.
10. Craie.

Fig. 9.   Position présumée de l'argile plastique sur la craie dans la plaine d'Abondant, à l'est de la forêt de Dreux, pag. 65.

Fig. 10. Tranchée du canal de l'Ourcq, dans la butte des bois de Saint-Denis, forêt de Bondy, au delà de Sevran ; lieu où l'on a trouvé les os d'éléphant, d'antilope, etc.

    a. Terre végétale. 3 à 4 mètres dans quelques endroits qui ont été des fonds de marais.

    b. Argile sableuse et sable jaune pur, contenant dans sa partie supérieure des limnées et des planorbes à peine fossiles.... environ 2 mètres.

    c. Limon d'atterrissement noir et veiné de sable jaune..... environ 6 mètres.
        C'est dans la partie inférieure de ce limon qu'on a trouvé les os fossiles d'éléphant et d'antilopes.

    d. Argiles verte et jaune, alternant.

    e. Marne argileuse blanche, renfermant des ménilites qui contiennent des coquilles d'eau douce fossiles et des gyrogonites.

Fig. 11. Disposition du gypse dans la carrière de Clignancourt, au nord de Montmartre.

    A. Marnes du gypse.
    B. Bancs du gypse de la première masse.
    C. Déblais.
    D. Terre végétale et déblais de marne.

Pl. II.   Divers corps organisés fossiles des couches marines des environs de Paris.

    Fig. 1, A, B, C, D, E, F, G empreintes de feuilles et de végétaux des lits supérieurs du calcaire marin grossier (mentionnés, pag. 22 et 126.).

Fig. 2. Turbinolite (genre formé d'une division des caryophyllites *Lam.* première grandeur, n°. 1, (indiquée par erreur, *fig.* 1, pag. 81) de Lalléry, près Chaumont, etc.

  A. Réunion des lames grossie.
  B. Face latérale d'une des lames de l'intérieur.

Fig. 3. Turbinolite, deuxième grandeur, ou n° 2, de Grignon.

Fig. 4. Turbilonite applatie ou n°. 3, de Grignon.

Fig. 5. Fungite de Meudon (pag. 23.)

  A. dessus — B. dessous.

Fig. 6. Empreinte d'un corps articulé semblable à une plante, de Grignon. (pag. 24.)

Fig. 7. Cythérée bombée, n°. 1. des marnes supérieures du gypse.

  A. Coquille — B. Moule intérieur.
  C. D. Cythérée bombée sur la Marne.
  S. Spirorbe sur la même Marne.

Fig. 8. Cythérée plane, n°. 2.
  (Mentionnée, pag. 41 et 155. A ce dernier endroit les numéros appliqués à chaque espèce ont été transposés par erreur d'une espèce à d'autre).

Fig. 9. Lunulites. Lam. de Chaumont et Grignon (mentionnés, pag. 95.)

A. Détail des pores.

a. Petit grain de quartz transparent qui se trouve constamment à la partie supérieure de ce corps marin. Il paroît que c'est le point d'appui à l'entour duquel la base du polypier a commencé à croître, car on le trouve sur les plus petits lunulites, qui sont plats et n'ont encore que 3 à 4 rangées de pores.

Fig. 10. Amphitoïte parisienne. Corps marin dont les empreintes se trouvent sur les marnes inférieures du gypse à la hutte-au-garde au N. O. de Montmartre et sur les pierres calcaires de la plaine de Montrouge, etc.

A. Tige rameuse.
B. Partie de la tige faisant voir les cils qui la garnissent.

Décrit et figuré par M. Desmarest fils. (Nouveau Bulletin des Sciences, tom. II, pl. 2, n°. 44).

C'est par erreur qu'il est indiqué *Fig.* 9, à la pag. 165.

LA CARTE GÉOGNOSTIQUE.

CETTE carte embrasse, dans quelques directions, plus de terrain que nous n'en avons visité ; mais nous avons voulu la mener jusqu'au bassin de craie à l'ouest, qui y a été marqué d'après les observations de M. Desmarest, membre de l'Institut, répétées dernièrement par M. son fils.

Notre carte a été dressée pour la partie géographique, sur celles de Cassini, sur la carte des chasses, sur celle de la Grive et de dom-Coutans. Nous avons dû supprimer tout ce qui auroit pu la charger de détails inutiles à notre objet; nous n'y avons placé que les communes, et parmi les hameaux, nous n'avons mis que ceux qui désignent quelques points importans, comme Grignon, Beauchamp, etc.

Les lignes ponctuées indiquent nos routes, c'est-à-dire les terrains que nous avons connus par nos propres observations. Les espaces intermédiaires ont été déterminés, ou d'après des renseignemens pris sur les lieux auprès des architectes et des exploitans de carrières, ou d'après ceux des savans qui, dans divers temps, ont parcouru ces contrées.

Les parties laissées en blanc et qui ne sont pas le sol d'atterrissement des rivières, sont celles sur lesquelles nous n'avons pas eu de renseignemens précis. Nous n'avons pas jugé convenable d'enluminer le sol d'atterrissement moderne, il est partout le même, et cela auroit surchargé la carte de couleurs et de travail inutiles.

FIN.

www.ingramcontent.com/pod-product-compliance
Lightning Source LLC
Chambersburg PA
CBHW071423150426
43191CB00008B/1023